CATALOGUE

DE

TABLEAUX

ITALIENS, FLAMANDS, HOLLANDAIS, ALLEMANDS ET FRANÇAIS,

COMPOSANT L'INTÉRESSANTE COLLECTION

De feu M. HENRY,

COMMISSAIRE-EXPERT DU MUSÉE ROYAL;

PAR GEORGE,

PEINTRE, COMMISSAIRE-EXPERT-ADJOINT DU MUSÉE ROYAL, ANCIEN COLLABORATEUR ET SUCCESSEUR DE M. HENRY;

Dont la vente aura lieu

Les Lundi 23; *Mardi* 24 *et Mercredi* 25 *Mai*, *à midi*,

HOTEL DES VENTES MOBILIÈRES,

Place de la Bourse, n° 2, grande salle des objets d'art,

PAR LE MINISTÈRE DE Mᵉ MOREAU, COMMISSAIRE-PRISEUR.

Exposition publique les Vendredi 20, Samedi 21, et Dimanche 22, de midi à quatre heures.

Se distribue :

Chez MM.
- MOREAU, Commissaire-Priseur, rue Neuve-des-Petits-Champs, n° 73;
- LACOSTE, rue Thérèse, n° 2;
- GEORGE, Commissaire-Expert, rue Traversière-Saint-Honoré, n° 41, et rue de Condé, n° 24.

1836.

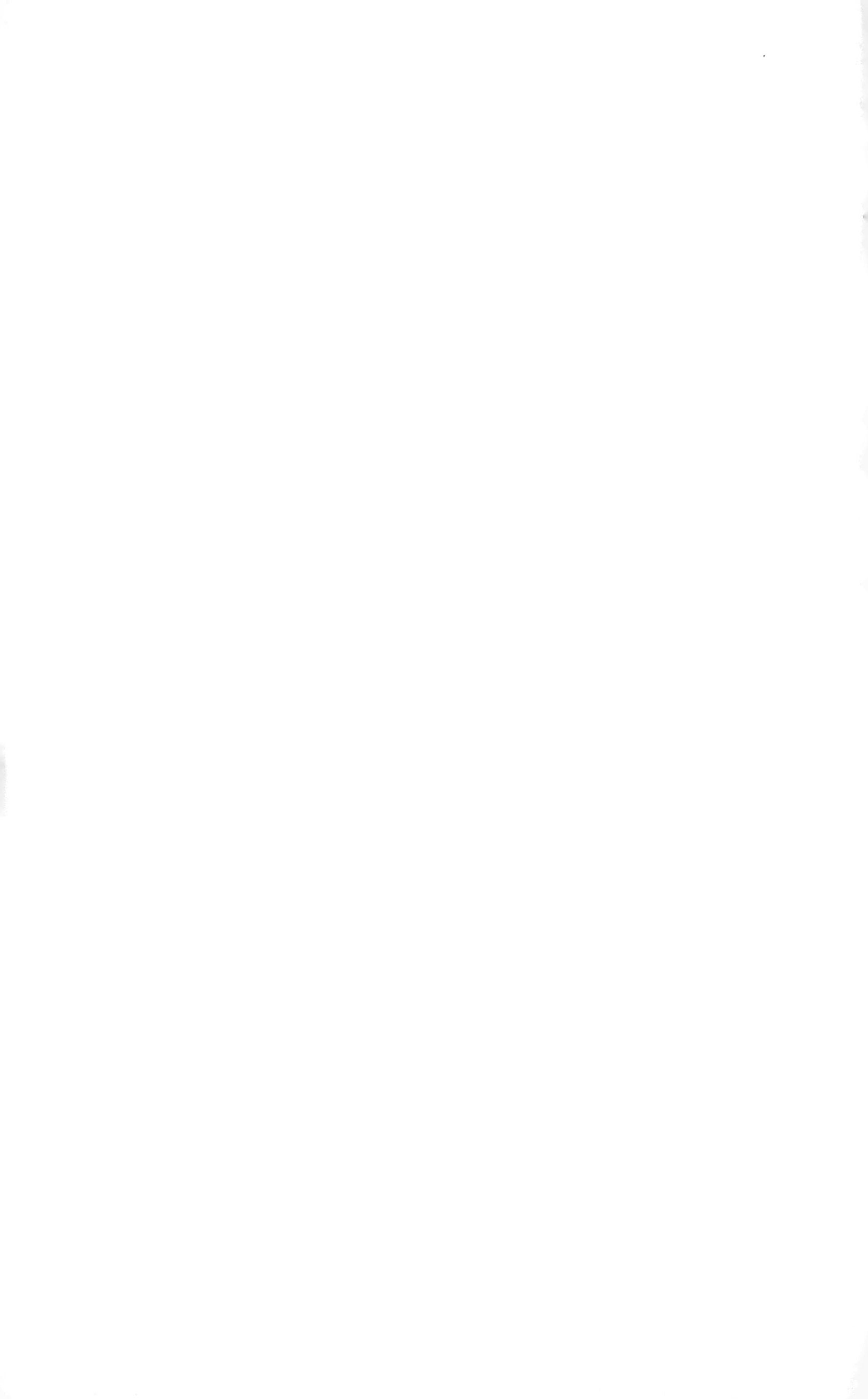

NOTICE

SUR

FEU M. HENRY,

PEINTRE,

Commissaire-Expert des Musées-Royaux, Membre honoraire de la Société libre des Beaux-Arts.

Si l'étude des beaux-arts demande des dispositions toutes particulières, celle de la connaissance des tableaux exige, en outre, ce discernement profond et subtil, ce tact fin et sûr, cet œil observateur et pénétrant que la nature n'accorde pas indistinctement. Thomas Henry était le connaisseur en qui l'on retrouvait toutes ces qualités réunies. Dès son enfance, il montra un goût décidé pour la peinture; mais ce penchant fut contrarié par la volonté de ses parents, qui étaient dans le commerce, et exigèrent que leur fils suivît la même carrière; le jeune Henry fit des progès rapides dans ses études et les termina de bonne heure. A sa sortie du collége, son père, voulant qu'il acquît des connaissances propres à faire un bon négociant, lui fit entreprendre un voyage dans le Levant, voyage qui, on peut le penser, fut chaudement approuvé par un jeune homme prédestiné pour les arts. Il s'embarqua avec le plus vif désir de voir la terre classique, mais une violente tempête ayant forcé le bâtiment de relâcher à Bordeaux, il fut dégoûté des périls de la mer, et se fixa en cette ville. M. Henry entra alors chez un riche négociant, qui ne tarda pas à s'apercevoir des facultés dont il était doué, et l'associa, peu de temps après, à son fils, pour aller gérer un établissement à Saint-Domingue ; la révolution qui éclata dans cette île et la perte des marchandises qui avaient été expédiées mirent fin à cette entreprise. Contrarié de son peu de succès dans le commerce, et suivant l'entraînement général de cette époque, où tous les jeunes gens s'enrôlaient sous les drapeaux, il entra dans un bataillon de volontaires bordelais qui partait pour la Vendée. C'était à l'époque de nos grandes dissensions civiles, lorsque le parti girondin, vaincu à Paris, s'était réfugié à Bordeaux. Une partie du bataillon en question déposa les armes, et M. Henry revint dans cette ville avec ses camarades. Il se rendit ensuite à Paris, où l'un de ses amis lui procura une place au ministère de la marine. S'étant marié peu de temps après, et cet emploi, trop borné pour ses connaissances, ne satisfaisant pas ses vœux, il reprit la carrière du commerce, qui convenait mieux à son caractère indépendant.

Au milieu de la capitale, l'occasion de se lier avec des artistes et de voir des objets d'art ne lui manqua pas; son goût pour la peinture ne s'était pas éteint; il se réveilla plus vif que jamais. Cependant sa nouvelle position ne lui permettait pas de s'y consacrer entièrement; il fut d'abord forcé de rester observateur, puis, suivant exactement les ventes de tableaux, qui se multipliaient sans cesse à raison des calamités publiques et de l'émigration, il se trouva tout-à-coup dans la carrière qu'il devait parcourir d'une manière si brillante, et cédant à son penchant naturel, il abandonna son commerce pour ne plus s'occuper que des tableaux.

Un inconvénient se présenta bientôt pour lui dans cette nouvelle partie et décida sa vocation pour la peinture. Obligé d'employer des restaurateurs, qui, dans ce temps, n'étaient pas fort habiles, peu satisfait d'un travail qui n'était pas rendu comme il le sentait lui-même, M. Henry leur donnait de bons avis dont ils ne savaient pas profiter; et, s'en plaignant sans cesse à son épouse, qui avait deviné en lui l'artiste, celle-ci l'engagea à se livrer lui-même à la restauration des tableaux. Il suivit ce conseil, et parvint en peu de temps à se faire un talent dans ce genre qui n'est contesté de personne.

Fort de cette réussite dans ses premiers essais, M. Henry prit le pinceau, et, à l'âge de trente-cinq ans, sans passer par aucun noviciat, il devint peintre et obtint un rang distingué parmi les paysagistes. Admirateur ardent de Claude Lorrain et de Ruysdaël, il peignit des imitations si parfaites de ces deux maîtres, qu'elles trompèrent des yeux exercés.

M. le lieutenant-général baron Th. **** possède une de ces imitations, dont il lui a été offert plus d'une fois des prix tels, qu'on ne pouvait les proposer que pour un ouvrage de Claude, et cet amateur distingué, auquel M. Henry avait fait hommage de ce tableau, eut souvent de la peine à faire revenir de leur méprise ceux qui s'y trompaient; mais, trop délicat pour abuser d'une erreur, et d'ailleurs fort attaché à ce gage d'amitié, il refusa constamment de s'en défaire.

Nous pouvons garantir l'anecdote suivante :
« A l'époque de la vente de M. le chevalier B....., des amateurs et des marchands étrangers étaient réunis chez M. Henry. Parmi ces messieurs, se trouvait un de ses amis, à qui il montra le ta-

bleau en question ; celui-ci le fit voir à tout le monde. « Ah ! le joli Claude ! s'écria-t-on. Est-il à vendre ? — Non, dit modestement M. Henry ; je suis seulement chargé d'y réparer un léger dommage. » C'était la vérité.

La connaissance des maîtres anciens était le but de ses occupations particulières d'études sérieuses et réfléchies. Il voyagea en Italie, en Belgique, en Hollande ; il visita les galeries et les cabinets les plus célèbres de ces pays ; chaque voyage le ramena plus profond de connaissances et augmenta sa réputation d'appréciateur, qui devint européenne. Le Musée royal de Paris se l'attacha en qualité d'expert ; il s'acquitta de ses nouvelles fonctions avec autant de savoir que d'exactitude et de probité.

Il a souvent réhabilité des tableaux dont l'originalité était inconnue ; nous pourrions en citer nombre de preuves, deux exemples suffiront : Un tableau attribué au Corrège, et représentant une Sainte-Famille avait été d'abord porté en Angleterre, où nul amateur ni marchand n'avait osé l'acheter. On en parla à M. Lapeyrière, amateur français très-connu, qui, après avoir consulté plusieurs personnes à Paris, et notamment M. Henry, acheta ce petit chef-d'œuvre 24,000 fr. Quelques années après, M. Henry étant chargé de la vente publique de la magnifique galerie du même amateur, afin firma dans son catalogue que ce tableau était incontestablement du Corrège; vendu aux enchères la somme énorme de 80,000 fr., il fut revendu peu de temps après 96,000 fr. pour le Musée de Londres.

Dans la collection de M. le chevalier B., vendue par M. Henry après la mort de cet amateur, il y avait une Danaé également attribuée au Corrège. M. B., qui avait acheté ce tableau 6,000 fr. en Angleterre, n'avait jamais pu le revendre. Il existait à Paris particulièrement les plus forts préjugés contre cet ouvrage. M. Henry établit si bien les preuves de l'originalité de ce tableau, et la confiance qu'il inspira était si grande, que cet autre chef-d'œuvre méconnu jusqu'alors fut vendu publiquement 30,000 fr. C'était peu, sans doute, pour un Corrège, mais ce tableau était endommagé. Aujourd'hui il est sans contestation un des ornements de la magnifique galerie du prince Borghèze, pour lequel il fut acheté, et personne ne doute en Italie que ce ne soit, comme M. Henry l'a affirmé, la Danaé de la galerie d'Orléans.

Enfin, on peut dire que M. Henry avait acquis une sûreté d'appréciation qui donnait *force de loi* à ses décisions; il devait cette espèce d'autorité autant à ses qualités personnelles qu'à ses lumières. A force de comparaisons, d'études approfondies des différentes manières de procéder des grands maîtres ; M. Henry avait acquis ses grandes connaissances ; s'il pouvait en être fier, du moins n'en était-il pas avare. Le prince comme le plus petit marchand était également bien reçu, et il était toujours prêt à donner ses conseils avec le plus grand désintéressement. Il devait à de bonnes études, à un esprit juste, à une imagination vive et riante, le talent plus rare qu'on ne pense d'écrire avec une élégante facilité, et même, comme tous les hommes passionnés, il était éloquent lorsque le sentiment l'entraînait.

Généreux sans ostentation, les malheureux qu'il a secourus sont seuls dans le secret de sa bienfaisance. Simple dans ses goûts, dans ses habitudes, il trouvait, par une sage économie, le moyen de satisfaire ses penchants vertueux. La perte de deux fils dont les premiers débuts dans les arts avaient obtenu les plus brillants succès l'avait frappé dans ses plus tendres affections, dans ses plus douces espérances ; cette épreuve fut terrible, sa santé s'en altéra pendant plusieurs années, et ce ne fut que par l'action la plus méritoire, la plus patriotique qui puisse honorer un homme vertueux, un grand citoyen, qu'il trouva des consolations aux maux dont son cœur était ulcéré. Cette fois seulement, sa générosité éclata au grand jour. Ce fut par le don du musée de Cherbourg. Mais il est bien certain qu'il voulut rester inconnu ; l'importance et le choix des tableaux le firent reconnaître. A cette occasion, nous citerons ici un extrait du discours prononcé par M. le maire de la ville de Cherbourg, le 29 juillet 1835, lors de l'inauguration de ce musée, en présence des autorités civiles, militaires et maritimes de cette ville :

« Messieurs,

« Il n'est aucun de vous qui n'ait été frappé d'étonnement en entrant dans cette enceinte. Une collection de tableaux s'est offerte à vos regards, riche par le nombre et plus encore par le choix éclairé qui a présidé à sa formation. Parmi ces productions de l'art, nous voyons briller les savantes compositions des plus grands maîtres : et cette galerie s'est pour ainsi dire improvisée. Il y a trois ans, nous ne possédions rien ; c'est aujourd'hui pour la première fois qu'elle va être ouverte au public, et le public la verra complète. Ces murs offrent à peine deux ou trois vides qui seront remplis sous quelques jours.

« Désormais le voyageur qui visitera notre ville n'emportera plus pour unique souvenir celui des travaux gigantesques qui en feront un jour l'un des premiers ports du monde. A ces idées qui lui révèleront la puissance de l'homme dans l'application des sciences, il en joindra d'autres non moins imposantes. Il aura pu se convaincre que les beaux-arts forment aussi une brillante partie du domaine de son intelligence. Il aura vu un musée qui ne le cèdera en rien aux plus beaux musées des départements.

« Le même voyageur se demandera comment une ville dont l'importance remonte à peine au-delà de quelques années, et qui manque encore de la plupart des édifices publics nécessaires à une population de vingt mille âmes, est arrivée tout d'un coup à posséder une galerie qui la place, sous ce rapport, au rang des cités les plus opulentes.

« Sa surprise redoublera et se joindra à la plus vive admiration quand il apprendra que ce musée tout entier est le don d'un seul homme, d'un généreux compatriote.

« Messieurs, je lis sur vos visages l'expression des mêmes sentiments, quoique les faits qui les inspirent ne soient pas nouveaux pour la plupart d'entre vous. Mais vous êtes tous impatients d'entendre proclamer le nom de cet homme de bien, de cet homme dont on aurait peine à trouver le pareil parmi les hommes.

« CE NOM EST

« **Thomas HENRY.** »

« En 1831, l'administration fut prévenue qu'une personne qui désirait rester inconnue avait l'intention de donner à sa ville natale quelques bons tableaux pour servir de modèles à ceux de ses compatriotes qui pourraient avoir du goût pour la peinture. On demandait si l'administration municipale voudrait les recevoir et les placer convenablement. La réponse ne pouvait être douteuse. Plusieurs envois ne tardèrent pas à avoir lieu, et bientôt la salle des séances du conseil municipal se trouva remplie. Ce fut alors que le conseil sentit qu'il lui fallait un local approprié à l'importance de cette collection et que le projet de cette galerie fut arrêté.

« Une année cependant s'était écoulée sans que nous connussions au moins d'une manière certaine le nom de notre bienfaiteur. Malgré les graves présomptions qui nous désignaient celui de M. Henry et dont la manifestation indirecte arriva plus d'une fois jusqu'à lui, sa modestie le déroba pendant long-temps à l'expression de notre reconnaissance. Il s'aperçut enfin que son secret était pénétré et trop répandu pour qu'il pût en retarder l'aveu.

« Citons les touchantes paroles au moyen desquelles il justifié son long incognito.

« Si d'abord, disait-il dans sa première « lettre, je n'ai pas cru devoir attacher mon « nom à cette légère offrande, c'est que j'ai

« craint qu'on ne prît pour un acte d'ostenta-
« tion ce qui n'est qu'un simple témoignage du
« souvenir que j'ai toujours gardé pour le lieu
« de ma naissance, et un gage du vif intérêt
« qu'il m'inspirera aussi long-temps que je pour-
« rai dire, en songeant au passé de ma vie : Là
« s'écoulèrent mes plus beaux jours. »

« Le plan de la galerie projetée fut soumis à M. Henry, et dès lors il annonça l'intention d'en couvrir tous les murs. L'exécution de cette promesse ne tarda pas à se manifester par de nouveaux envois. Les emplacements manquèrent, et nous fûmes obligés d'entasser ces précieux objets comme des marchandises dans un magasin.

« L'administration se rendit alors l'interprète du vœu public en demandant au conseil municipal l'autorisation de faire exécuter le buste de M. Henry par un de nos plus célèbres statuaires, afin que son image, placée dans la galerie, présidât pour ainsi dire à cette imposante réunion artistique. Le conseil municipal accueillit unanimement cette proposition, comme le seul moyen de rendre un digne hommage à l'auteur d'un si grand bienfait.

« Ce fut alors qu'éclatèrent dans toute leur force la rare modestie, le noble désintéressement de M. Henry.

« Je ne puis mieux faire ressortir la grandeur de ces sentiments qu'en citant encore une fois ses propres paroles :

« Je vous prie, m'écrivait-il, d'exprimer en « mon nom aux membres du conseil qu'autant « je mets de prix à la haute marque de grati- « tude qu'ils viennent de me donner si solen- « nellement, autant l'action qu'ils ont eu le « dessein d'honorer perdrait son mérite à mes « yeux si je la laissais s'entacher de vanité, en « adhérant à l'exécution de leur généreux pro- « jet. La pensée de me refuser à tout hommage « public n'est pas, dans mon esprit, une pen- « sée mûrie, à laquelle je me suis attaché et « dont j'abandonne volontiers l'interprétation « au bon esprit de mes concitoyens. J'accepte « donc avec reconnaissance l'intention pour le « fait, et ne veux aucun autre honneur. Ne « croyez pas, et de grâce ne laissez pas croire à « mes concitoyens qu'affectant une fausse mo- « destie, je veuille dire par mon refus que le « seul contentement que j'éprouve d'avoir pu « faire quelque chose pour eux me tient lieu « de toute satisfaction. Loin de là, j'en trouve, « je vous assure, une bien chère à mon cœur « dans les sentiments que j'ai eu le bonheur de « leur inspirer et dont la manifestation se trouve « consignée d'une manière si glorieuse pour moi « dans l'arrêté pris à mon égard par le conseil

« municipal de la ville de Cherbourg. J'ai, dit-« on, mérité l'estime générale de mes conci-« toyens. Quel plus grand honneur, quelle ré-« compense plus flatteuse pourrais-je désirer « sans être un ambitieux? »

« Cette citation vaut à elle seule le plus magnifique éloge qu'on puisse faire des sentiments et de la conduite de M. Henry. Sa belle âme se dévoile tout entière dans ces lignes tracées avec autant de simplicité que d'élégance, et les couleurs manquent pour peindre avec vérité l'admiration qu'on éprouve à leur seule lecture.

« Le conseil municipal, dans l'impossibilité d'exprimer autrement sa reconnaissance, a décidé que ce musée porterait le nom de MUSÉE-HENRY. »

Cet exemple de libéralité civique étant parvenu à la connaissance de la société libre des Beaux-Arts, séante à Paris, M. Pérignon, un de ses membres et ancien collègue de M. Henry au Musée royal, retraça dans une de ses séances les circonstances de la solennité d'inauguration du musée de Cherbourg. Après cette lecture, il fut décerné à M. Henry le titre de membre honoraire de la dite société, laquelle, dans sa séance publique du 6 décembre 1835, lui décerna une médaille d'honneur.

Cédant aux vœux et aux vives instances de ses compatriotes, M. Henry, quoique âgé de soixante-dix ans, se proposait d'aller, dans le courant de cet été, visiter son grand œuvre à Cherbourg. La destinée avait décidé autrement : le 7 janvier 1836 il avait cessé de vivre.

A la nouvelle de cette mort inopinée, les regrets ont éclaté de toute part, regrets que ses compatriotes reconnaissants exprimèrent d'une manière bien touchante par la voix de leur maire. Voici comment est conçue la lettre adressée par ce magistrat à Mme veuve Henry :

« Cherbourg, le 12 mai 1836.

« MADAME,

« Je ne viens pas vous offrir des consola-
« tions, la perte cruelle que vous venez d'é-
« prouver n'est pas de nature à les admettre,
« au moins de sitôt. Non, je viens, au con-
« traire, pleurer avec vous l'homme qui nous
« était si cher à des titres différents sans doute,
« mais également propres à justifier notre dou-
« leur. Vous perdez un époux que l'excellence
« du caractère et de longues habitudes d'une
« vie commune recommandaient à vos plus
« chères affections. Nous perdons, nous, ha-

« bitants de Cherbourg, notre bienfaiteur, ce-
« lui qui mérite, à si juste titre, le nom de
« grand citoyen, celui que nous aurions été si
« heureux de voir au moins une fois parmi
« nous, entouré de nos hommages, recevant le
« tribut de notre réconnaissance et de notre
« admiration. Ah! madame, quelle n'a pas été
« la douleur de tous les habitants de cette ville
« en apprenant cette triste nouvelle! Quelle a
« été la mienne surtout, à moi qui le connais-
« sais particulièrement, qui avais été à même
« d'apprécier non-seulement toute la supério-
« rité de son esprit et de ses talents, mais, ce
« qui est encore au-dessus, s'il est possible,
« toute la noblesse de son âme et de son carac-
« tère! Si quelque chose pouvait adoucir l'a-
« mertume de votre malheur, ce serait sans
« doute ce concert de regrets qui retentit de
« toutes parts, et cette idée que la mémoire de
« l'homme de bien qui en est l'objet ne périra
« jamais.

« Veuillez agréer, Madame, l'assurance du
« respect et du dévoûment avec lesquels j'ai
« l'honneur d'être,

« Votre très-humble serviteur,

« NOEL-AGNÈZ. »

Le 30 janvier 1836, le conseil municipal de

la ville de Cherbourg, désireux d'honorer, autant qu'il était en lui, la mémoire de M. Henry, a fait célébrer un service solennel auquel ont assisté toutes les autorités constituées et une grande partie des habitants.

Le conseil municipal a décidé en outre :

1° Qu'une tablette de marbre serait placée sur la façade de la maison où M. Henry est né, avec une inscription indicative de cette circonstance;

2° Et que le nom de *Thomas-Henry* serait donné à la rue qui communiquera du faubourg au quai ouest du bassin et dont l'alignement sud est déjà formé par la maison et les murs du jardin qui se trouvent à l'extrémité de la place Divette.

TABLE DES PEINTRES

ET DE CEUX DE LEURS OUVRAGES DONT IL EST FAIT MENTION DANS CE CATALOGUE.

Écoles Italiennes.

ALBANE.	1.	L'enlèvement de Proserpine.
	2.	La chasteté de Joseph.
ANDRÉ DEL SARTE.	3.	La Vierge, l'Enfant-Jésus et saint Jean.
Idem (STYLE DE).	4.	La Vierge, l'Enfant-Jésus, sainte Élisabeth et saint Jean.
BIBIENA.	5.	Les vendeurs chassés du temple.
BRONZINO.	6.	Portrait de femme.
CIGNANI.	7.	Acis et Galathée.
CRESPI.	8.	Les amours vaincus.
GASPRE.	9.	Paysage.
	10.	Paysage de style.
	11.	Autre paysage.
	12.	La vieille tour.
GIORDANO.	13.	Vulcain forgeant.
GIORGION (STYLE DU).	14.	Portrait d'homme.
GUIDE (STYLE DU).	15.	Le martyre de saint Barthélemy.
PALME-LE-VIEUX.	16.	La Vierge, l'Enfant-Jésus et plusieurs saints.
	17.	Une Sainte-Famille.
PALME-LE-JEUNE.	18.	Le Christ mort.

PARMESAN.	19. La Vierge et l'Enfant-Jésus.
PAUL VERONEZE.	20. L'apparition de la Vierge à saint Antoine.
RAPHAEL (D'APRÈS).	21. La Sainte-Famille.
SALVATOR (STYLE DE).	22. Paysage-marine.
SIRANI.	23. Une sibylle.
SALARIO.	24. Un *ecce homo*.
TIARINI.	25. Le Calvaire.
TITIEN.	26. Une Sainte-Famille.
PAR DIVERS PEINTRES.	27. Les chérubins.
	28. Tête d'étude.
	29. Le Christ mort.
	30. Buste d'homme.
	31. La circoncision de Notre-Seigneur.

Écoles Flamande et Hollandaise.

BACKUYSEN.	32. Marine, effet de vent.
BERCHEM.	33. Le retour des bergers.
BOL.	34. Portrait d'homme.
BOTH (JEAN).	35. L'abreuvoir.
BRACKENBURGH.	36. Famille hollandaise dans son intérieur.
BRAUWER.	37. Dispute de paysans.
CHAMPAIGNE.	38. Portrait en pied du cardinal de Richelieu.
CRAYER.	39. La charité de saint Martin.
CUYP.	40. Un pâturage.
	41. Un cheval blanc.
Idem (GENRE DE).	42. La prairie.

DURER.	43. Portrait du père de Durer.
DYCK (VAN).	44. Portrait de femme. 45. *Idem.* 46. Tête d'étude.
Idem (ÉCOLE DE).	47. Sainte Rosalie. 48. Portrait d'homme.
EVERDINGEN.	49. Le vieux château. 50. Site de Norwége.
HELST (VAN DER).	85. Portrait d'homme.
HOLBEIN.	51. Portrait de Guillaume Tell.
HOOCH (PIERRE DE).	52. Le marché aux poissons. 53. La correspondance.
JARDIN (DU).	54. Pâtres jouant aux cartes.
LAIRESSE.	55. Minerve.
LENTZEN.	56. Brebis au pâturage.
MAAS.	57. L'abreuvoir.
MIEL.	58. La Sainte-Famille. 59. Herminie et les bergers.
MILLÉ.	60. Les tireurs d'arc. 61. Paysage composé. 62. Site d'Italie.
OMMEGANCK.	63. Marche d'animaux.
OSTADE (ADRIEN).	64. Chacun son goût.
OSTADE (ISAAC).	65. Le concert villageois.
PETERS.	66. Marine.
POTTER.	67. Le pâturage. 68. La vachère.
ROMBOUTS.	69. La route d'Anvers. 70. Le percé.
RUBENS.	71. Job.
RUYSDAEL (J.).	72. La carrière. 73. La cascade. 74. La route du bois.

RUYSDAEL (IMIT. DE).	75. L'entrée du village.
	76. Le village.
	77. La tour en ruines.
SCHELLINCKS.	78. Repos de paysans italiens.
TENIERS (ÉCOLE DE).	79. Les bohémiennes.
TOLL.	80. La nourrice.
TRAUTMANN.	81. Tête de vieillard.
VERBOECKHOVEN.	82. Marine.
	83. *Idem.*
WETT.	84. Joseph expliquant les songes.
PAR DIVERS PEINTRES.	86. Un pâturage.
	87. Le mariage de la Vierge.
	88. Le baptême de l'eunuque.

École Française.

BERRÉ.	89. Un pâturage.
	90. La prairie.
BERTIN.	91. L'entrée du parc.
BOURDON.	92. Deux sujets allégoriques.
	93. Un martyr.
	94. St Jean donnant le baptême.
	95. L'holocauste.
	96. Vénus remettant des armes à Énée.
BOURGUIGNON.	97. Marche de cavalerie.
BOUTON.	98. Michel Cervantes prisonnier.
	99. Ruines de monastères.
CLAUDE (STYLE DU).	100. Le jeu de boules.

COYPEL.	101.	Esther aux pieds d'Assuérus.
DEMARNE.	102.	Une forêt.
	103.	Un pâturage.
	104.	Le jeu du pied-de-bœuf.
	105.	Un pâturage.
DUPLESSIS.	106.	Portrait d'un peintre.
ENFANTIN.	107.	Vue dans la forêt de Fontainebleau.
GÉRARD (Mlle).	108.	La lecture au jardin.
	109.	La brodeuse.
GREUSE.	110.	La petite mendiante.
	111.	Le sans-souci.
	112.	Portrait de Louis Janson.
	113.	Le petit grognon.
	114.	La dédaigneuse.
HUE.	115.	Un clair de lune.
JOUVENET.	116.	Portrait de Bouchardon.
LACROIX.	117.	Les laveuses.
	118.	Les pêcheurs.
LEBRUN.	119.	Jésus portant sa croix.
	120.	La multiplication des pains.
LEDOUX (Mlle).	121.	Le polichinelle.
LEMAIRE ET STELLA.	122.	Le tombeau d'Achille.
LEROY (DE LIANCOURT).	123.	La liseuse.
	124.	Le joueur de flageolet.
MICHALON.	142.	Étude de paysage.
	143.	*Idem.*
MIGNARD.	125.	Thalie.
NATOIRE.	126.	Une vestale.
PATER.	127.	La fête du village.
PINGRET.	128.	Diane de Poitiers.
POUSSIN (ÉCOLE DU).	129.	Bacchanale.

PRUD'HON.	130.	Le Génie de la peinture.
RENAULT.	131.	Diane et Endymion.
ROBERT.	132.	Une dame avec son enfant.
ROEHN.	133.	La leçon de chant.
STELLA.	134.	La Sainte-Famille avec des anges.
SWEBACH.	135.	Une course de chevaux.
THIENON.	136.	Paysage arcadique.
VALENCIENNES.	137.	Un paysage.
VALLIN.	138.	Vénus et Adonis.
VERNET (LAURENT).	139.	L'étang.
WATELET.	140.	Les aquéducs.
PEINTRE ANGLAIS.	141.	Portrait d'homme.
PAR DIVERS PEINTRES.	144, 145, 146, 147, 148.	
DARNAUD.	149.	Drapeaux de la garde nationale.
LANTARA.	150.	Un dessin.
DAVID.	151.	Deux dessins.

671

CATALOGUE
Des Tableaux

DE L'INTÉRESSANTE COLLECTION

DE FEU M. HENRY,

COMMISSAIRE-EXPERT DU MUSÉE ROYAL.

Écoles Italiennes.

ALBANE (FRANCESCO-ALBANI). École Bolonaise.

1. — *L'enlèvement de Proserpine.*

Sur un char traîné par trois coursiers, un noir et deux blancs, le dieu des enfers, assis à côté de Proserpine, vient de traverser le Styx et descend dans le Tartare. La fille de Cérès, effrayée, tente de s'élancer hors du char, mais elle est retenue par les bras vigoureux de Pluton. A droite, dans le lointain, on voit des nymphes près du temple de Cérès. Le fond offre à gauche une haute montagne volcanique qui se prolonge vers deux autres montagnes de forme conique.

Cuivre. H. 11 p. 6 l., larg. 15 p. 4 l.

2. — *La chasteté de Joseph.*

Assise sur le bord de sa couche, le corps à moitié couvert d'une légère draperie, la femme de Putiphar, ne mettant plus de bornes à sa criminelle passion, essaie d'attirer Joseph dans ses bras : le fils de Jacob s'empresse de fuir et va lui abandonner son manteau.

Le sentiment de la plus violente passion est bien exprimé dans les traits de cette jolie personne; celui de l'innocence et de la chasteté, dans ceux de Joseph.

Ce gracieux tableau est d'une parfaite conservation.

Cuivre. H. 12 p. 2 l., larg. 15 p. 9 l.

ANDRÉ DEL SARTE (Andrea Vannucchi). École Florentine.

3 — *La Vierge, l'Enfant-Jésus et le petit saint Jean.*

La mère du Sauveur, représentée assise et vue à mi-jambes, est vêtue d'une tunique rouge et d'un manteau bleu négligemment jeté sur ses épaules; sur ses genoux elle soutient l'Enfant-Jésus que ne couvre aucun vêtement. Saint Jean-Baptiste enfant est placé à la gauche de Marie.

L'on prend note aujourd'hui des époques où l'on rencontre des ouvrages authentiques des grands maîtres italiens; l'occasion qui s'en présente après le décès de M. Henry ne se renouvellera sûrement pas de sitôt. Au nombre de ces morceaux rares, nous pouvons citer l'André del Sarte; en vain nous objecterait-on quelques repeints ; l'expression toute candide de la Vierge, les jolies têtes des enfans, la fraîcheur et la transparence des teintes si bien unies à un pinceau facile et soigneux en même temps, sont certainement des qualités qui toutes frappent à la vue de ce tableau et qui effacent assez les dommages qu'il a pu éprouver.

Bois. H. 23 p. 6 l., larg. 19 p. 5 l.

ANDRÉ DEL SARTE (Style d').

4. — *La Vierge, l'Enfant-Jésus, sainte Elisabeth et saint Jean.*

L'Enfant-Jésus sur les genoux de sa mère s'entretient avec le petit saint Jean-Baptiste que sainte Elisabeth tient dans ses bras.

Bois. H. 39 p., larg. 30 p.

BIBIENA (Galli de Bibiena). École Florentine.

5. — *Les vendeurs chassés du temple.*

Jésus, armé d'un fouet qu'il tient de la main droite, chasse les marchands qui s'étaient installés dans le temple du Seigneur pour y vendre leurs denrées ; ils emportent avec précipitation leurs marchandises et laissent tomber divers objets épars çà et là dans l'intérieur de l'édifice.

Toile. H. 72 p., larg. 93 p.

BRONZINO (Angiolo). École Florentine.

6. — *Portrait de femme.*

Elle est vue de trois quarts, debout et à mi-jambes, la tête ornée d'un riche diadème et le cou paré d'un collier de perles auquel pend un médaillon ; sa poitrine est couverte d'un léger fichu ; son vêtement consiste en une robe rouge serrée du corsage et ample sur les hanches ; elle la relève de la main gauche et soutient de la droite une chaîne d'or qui lui passe autour du corps. Une urne se trouve devant elle, et derrière elle un rideau vert garni d'une large frange d'or.

Bois. H. 34 p. 10 l., larg. 25 p. 8 l.

CIGNANI (CARLO). Ecole Bolonaise.

7. — *Acis et Galatée.*

Le cyclope Polyphème, devenu amoureux de Galatée qui était éprise du berger Acis, surveilla les deux amants, et les ayant surpris ensemble, il saisit un bloc de rocher qu'il s'apprête à lancer sur son rival que Galatée tient par la main et invite à fuir.

Toile. H. 47 p. 6 l., larg. 63 p. 6 l.

CRESPI (GIUSEPPE - MARIA), dit *lo Spagnuolo.* Ecole Bolonaise.

8. — *Les amours vaincus.*

Des dryades et des napées au nombre de dix-neuf s'empressent toutes à se rendre maîtresses des amours endormis ; les unes s'emparent de leurs flèches et de leurs arcs, d'autres leur coupent les ailes ; quelques-unes moins cruelles ne font que les leur lier. Une d'elles grimpe à un arbre pour arracher les flèches que ces enfants malins s'amusaient à lancer dans un cœur qui leur servait de cible. Quatre d'entre elles, placées plus en arrière, allument un feu qui doit servir à brûler les trophées de leur victoire.

Cuivre. H. 19 p. 9 l., larg. 29 p. 9 l.

GASPRE (GASPARO DUGHET). Ecole Romaine.

9. — *Paysage.*

De beaux massifs d'arbres ombrageant les deux côtés du tableau forment des repoussoirs qui éloignent le point de vue et permettent à l'œil de parcourir une vaste étendue de pays offrant un site des plus heureux. Un chemin, dont les bords sont garnis d'épaisses broussailles, traverse le premier plan; deux pâtres s'y entretiennent ensemble. Une eau tranquille coule au milieu de la composition et baigne le pied de riantes collines boisées et meublées çà et là de fabriques dont quelques-unes indiquent de riches habitations et l'aspect d'une ville.

Toile. H. 26 p., larg. 35 p.

10. — *Paysage de style.*

A droite d'un grand chemin, près d'une pièce d'eau, deux bergers font paître leurs troupeaux et conversent ensemble; ces deux figures se détachent sur les arbres d'un bois touffu au-dessus duquel on voit une ville bâtie sur un amphithéâtre élevé, éclairé par un ciel brillant.

Toile. H. 19 p., larg. 24 p.

11. — *Autre paysage.*

Il est traversé par une rivière sur le bord de laquelle deux hommes sont assis ; à quelque distance quatre chèvres paissent sur le gazon ; un homme marche en tenant un vase de chaque main. Au-delà du fleuve on voit des montagnes rocailleuses, une fabrique ombragée d'arbres, et encore d'autres montagnes dans l'éloignement qui masquent l'horizon.

Toile. H. 9 p., larg. 14 p. 6 l.

12. — *La vieille tour.*

Sur le revers d'une montagne recouverte d'arbrisseaux, se trouvent les restes d'une vieille tour et d'autres constructions d'une architecture moderne. Deux voyageurs cheminent sur une route qui y conduit ; de grands arbres ornent la droite du paysage qui se termine dans le fond par des montagnes d'un ton azuré.

Toile. H. 17 p. 6. lig., larg. 23 p. 6. l.

GIORDANO (Luca). Ecole Napolitaine.

13. — *Vulcain forgeant.*

Il est représenté avec une longue barbe blanche, la tête chauve, et placé devant une enclume. Il tient de la main gauche une pince dans laquelle est un morceau de fer rouge qu'il forge de la main droite. Des armures sont placées près de lui.

Toile. H. 43 p., larg. 37 p. 6 l.

GIORGION (STYLE DE BARBARELLI, DIT LE). Ecole Vénitienne.

14. — *Portrait d'homme.*

Ce personnage, portant barbe et moustaches, est coiffé d'une toque noire ornée d'une plume blanche; il est vêtu d'un justaucorps boutonné jusqu'au collet.

Toile. H. 24 p., larg. 17 p. 6 l.

GUIDO RENI (STYLE DE). Ecole Bolonaise.

15. — *Le martyre de saint Barthélemy.*

Ce saint est nu; attaché par les mains à l'une des branches d'un gros arbre, il a les yeux tournés vers le ciel. L'un de ses bourreaux commence à l'écorcher, l'autre aiguise l'instrument dont il va se servir. Le garde qui préside à ce supplice est à cheval à droite du saint et paraît lui offrir des consolations. Un autre garde à pied est placé derrière le premier bourreau, et de sa main se couvre les yeux pour ne pas voir cette scène atroce. L'envoyé de Dieu descend sur des nuages et présente au saint la couronne du martyre et de l'immortalité.

Toile. H. 17 p. 3 l., larg. 13 p. 5. l.

PALME-LE-VIEUX (JACOBUS PALMA). Ecole Vénitienne.

16. — *La Vierge, l'Enfant-Jésus, saint Pierre saint Jérôme et le Donateur.*

La Vierge Marie, représentée jusqu'à mi-jambes,

assise devant une draperie, occupe le milieu du tableau. Son divin fils qu'elle soutient de la main droite est debout sur ses genoux, il la regarde avec tendresse en même temps qu'il dirige ses petits bras du côté de saint Pierre qui lui présente le Donateur vu en buste de profil et les mains jointes. A la gauche de la Vierge, saint Jérôme tient le saint évangile des feuillets duquel sort une bandelette de papier où sont écrits ces mots : *Jachobus Palma.*

Ce morceau remarquable est d'une force de coloris et d'exécution au dessus de tout ce que nous avons vu du vieux Palme. L'expression des têtes est admirable de sentiment et rend on ne peut mieux cette véritable piété, cette sainte persuasion dont les vrais religieux de cette époque étaient animés. C'est un ouvrage qui serait digne de figurer parmi les morceaux de choix de la galerie la plus renommée, et ce serait en vain qu'on chercherait à s'en procurer un autre plus parfait et plus capital.

Bois. H. 33 p. 3 l., larg. 50 p. 6. l.

17. — *Une Sainte-Famille.*

La Vierge, assise sur l'entablement d'un mur à hauteur d'appui, soutient l'Enfant-Jésus qui s'avance vers saint Jean-Baptiste prosterné devant lui et tenant son agneau et une croix de roseau. Sainte Elisabeth est représentée entre eux deux, un livre d'une main et une palme de l'autre. Saint Pierre, placé derrière Marie, regarde cette scène avec une attention marquée.

Quelle grâce et quelle simplicité dans la tête de la Vierge! quelle naïveté dans celle de l'enfant! Saint Jean-Baptiste se montre bien pénétré de la plus sainte vénération pour le Rédempteur.

Dans cette seconde production le vieux Palme rivalise avec le Giorgion par son coloris suave et brillant; ses teintes sont d'une union parfaite et l'exécution est de la plus grande finesse.

Bois. H. 34 p., 2 l., larg. 50 p. 6. l.

PALME-LE-JEUNE (JACOPO). Ecole Vénitienne.

18. — *Le Christ mort.*

Le Sauveur du monde, après avoir été descendu de la croix, est soutenu et entouré par des anges qui lavent ses plaies avec des éponges; l'un d'eux tient la couronne d'épines et les clous qui ont servi à son supplice.

L'expression de ces figures peint bien la douleur profonde dont elles sont empreintes.

Ardoise. H. 14 p., larg. 11 p.

PARMESAN (FRANCISCO MAZZUOLA, DIT LE). Ecole de Parme.

19. — *La Vierge et l'Enfant-Jésus.*

La Vierge, assise sur un banc de pierre, appuyée contre un mur, soutient légèrement son fils endormi à ses côtés et dont le sommeil agité lui cause quelque émotion; la tendresse maternelle est peinte dans ses traits et dans son regard: vêtue d'une tunique cramoisie, un long manteau bleu jeté sur ses épaules vient se draper sur ses genoux.

Quelques personnes ont attribué ce tableau au Parmesan ; d'autres à Niccolo dell'Abato : nous laissons aux connaisseurs à décider la question.

Bois. H. 16 p., larg. 12 p.

PAUL VERONEZE (Paolo-Caliari, dit). Ecole Vénitienne.

20. — *L'apparition de la Vierge et de son fils à saint Antoine.*

Ce vénérable solitaire s'était retiré dans les montagnes de la Haute-Egypte où il s'abandonnait à la vie contemplative avec saint Anatase son pieux compagnon. Là leur est apparue sur un trône de nuages la Vierge tenant l'Enfant-Jésus dans ses bras.

Saint Antoine est représenté debout, le corps légèrement incliné en arrière, s'appuyant, de la main droite, sur son bâton, et tenant de la gauche un gros chapelet qu'il élève vers le ciel. Saint Anatase est assis près de lui sur un morceau de rocher qui couvre le pied d'un chêne. Ces deux ermites ont les regards tournés vers Marie qui est entourée d'anges et de chérubins et dont les vêtemens consistent en une tunique blanche et une draperie bleue qui lui couvre la tête.

M. Henry avait une prédilection toute particulière pour ce beau tableau ; c'est en étudiant de pareils modèles qu'il avait acquis les grandes connaissances qu'il possédait dans les écoles d'Italie, il retrouvait toujours un nouveau plaisir à les contempler, ou, pour mieux dire, il ne cessait de s'en inspirer; mais aussi dans quelle meilleure école pourrait-on puiser des lumières sur l'art de la peinture, et Paul Véronèse est, sans contredit, un de ces peintres qui ont porté l'art au plus haut degré de perfection.

L'effet de ce tableau est surprenant, les figures s'y détachent à une immense distance du fond, et cela sur des teintes claires, difficulté toujours difficile à vaincre. L'expression de saint Antoine est admirable, on est pénétré du sentiment qui l'inspire. Que la Vierge est belle! quelle noblesse et quelle majesté dans sa pose! avec quelle grâce ses bras enlacent son fils, et quelle élégance dans l'ajustement des draperies, quelle souplesse dans leurs plis! Le coloris est au-dessus de tout éloge; dans cette partie de l'art Paul Véronèse est au premier rang. Les galeries qui se forment de nos jours ne sauraient faire une meilleure et une plus utile acquisition.

Toile. H. 102 p., larg. 61 p.

RAPHAEL (D'APRÈS). Ecole Romaine.

21. — *La Sainte-Famille, ou le réveil de Jésus.*

Le fils de Marie sort de son berceau et s'élance dans les bras de sa mère; derrière lui le petit saint Jean-Baptiste en prière est soutenu par sainte Elisabeth. Un ange, tenant des fleurs, plane au-dessus de ce groupe divin ; un autre se prosterne ; saint Joseph est absorbé dans une profonde méditation.

Très-belle et ancienne copie d'après l'admirable *Sainte-Famille* du musée royal.

Bois. H. 19 p., larg. 13 p. 3 l.

SALVATOR ROSA (Style de). École Napolitaine.

22. — *Paysage-marine.*

Dans une petite baie, entourée de hautes falaises, plusieurs navires sont en rade, et des charpentiers de marine sont occupés à radouber un gros vaisseau. Des soldats armés de leurs lances se reposent sur le devant du rivage.

Toile. H. 27 p. 6 lig., larg. 49 p. 9 l.

SIRANI (Élisabetta). École Bolonaise.

23. — *Une sibylle.*

Cette femme, vêtue d'une tunique bleue recouverte d'une draperie rose, est assise au pied d'une colonne et s'entretient avec un vieillard qui lui présente un morceau d'étoffe rouge. Un jeune homme est placé derrière lui dans la demi-teinte.

Toile. H. 33 p. 6 l., larg. 44 p.

SOLARIO (Andrea). École Milanaise.

24. — *Un Ecce homo.*

Le Christ est représenté à mi-corps, les mains jointes

et liées sur la poitrine. Il tient un roseau de la main droite; un manteau rouge couvre ses épaules; une couronne d'épines ceint sa tête qu'il tient un peu baissée; son regard exprime une entière résignation.

Ce tableau est plein d'expression et de sentiment.

Bois. H. 14 p. 9 l., larg. 11 p. 6 l.

TIARINI (Alessendro). École Bolonaise.

25. — *Le Calvaire.*

Jésus se rendant au mont Golgotha, succombe sous le poids de sa croix; ses bourreaux le frappent sans compassion pour le faire relever. Sainte Véronique à genoux lui offre un linge pour essuyer la sueur et le sang qui découlent de son visage, linge qui reçoit l'empreinte de la face divine. La mère du Christ, s'évanouissant, est soutenue par saint Jean le disciple chéri et par sainte Madeleine. Les deux larrons entre lesquels le Rédempteur doit être crucifié marchent devant lui les mains liées derrière le dos et conduits par deux soldats. Dans le fond du paysage on voit la ville de Jérusalem.

Toile. H. 40 p. 8 l., larg. 52 p.

TITIEN (Tiziano Vecelli, dit le). Ecole Vénitienne.

26. — *La Sainte-Famille accompagnée d'une jeune sainte.*

L'article suivant est extrait du catalogue de M. Heury, du 25 octobre 1812.

Une jeune sainte, le genou en terre et le sourire

sur les lèvres, présente une corbeille de fleurs à l'Enfant-Jésus que la Vierge tient assis sur elle. Près de son épouse, mais un peu en arrière, se repose Joseph, dont l'œil pensif est dirigé sur la personne qui honore le fils de Marie. Celle-ci, par sa noble et douce gravité, par son air de recueillement, inspire le respect. Jésus, animé de la vivacité de l'enfance, se tourne vers la jeune sainte et tend les mains pour prendre les fleurs qu'elle lui offre. Le fond du tableau représente un paysage à la droite duquel on voit les ruines d'un antique édifice.

On peut appliquer à ce tableau tout ce qu'on a écrit sur le coloris du Titien, le Zeuxis de nos siècles ; à l'éclat des draperies, à la transparence, à la vérité des chairs, sont réunis le choix, la disposition et l'accord des teintes locales, et par dessus tout, cette vigueur à laquelle Giorgion atteignit et que son illustre élève regardait comme nécessaire à la perfection du coloris.

Toile. H. 28 p., larg. 38 p. 6 l.

27.—*Les Chérubins.*

Trois têtes de chérubins planant dans les airs, par Trévisani.

28.— *Tête d'étude.*

Jeune homme dont les cheveux tombent en larges masses bouclées ; par Vanni.

29.— *Le Christ mort.*

Jésus-Christ descendu de la croix, est placé sur

une pierre, la tête appuyée sur un coussin. La Vierge, à genoux près du Sauveur, soutient son bras qu'elle arrose de ses larmes.

30. — *Buste d'homme.*

Vêtu de noir, la tête nue, tournée de trois quarts, il porte ses regards vers le ciel. Morceau d'une belle couleur et plein de vie, par Boras, peintre espagnol.

31. — *La circoncision de Notre-Seigneur.*

Composition de plus de trente figures; école espagnole.

Écoles Flamande et Hollandaise.

BACKUYSEN (Ludolph).

32. — *Marine, effet de vent.*

Le soleil commence à se retirer, l'horizon se couvre de nuages, le vent souffle et enfle les voiles de plusieurs bâtiments qui voguent avec vitesse sur cette mer agitée. A droite dans l'éloignement un accident de lumière éclaire cette petite partie des eaux en devant d'un terrain où l'on aperçoit deux tours et un moulin à vent. Sur le devant, les eaux sont encore vivement éclairées par le reflet du soleil, qui dore le contour des nuages; tout le reste est privé de lumière, ce qui forme une opposition produisant

686

un de ces effets piquants que Backuysen aimait à répéter dans la plupart de ses compositions. Outre cela, l'agitation des flots, le mouvement progressif des vagues, la marche précipitée des nuages, celle des bâtiments, produisent un autre effet non moins vrai que le premier et rangent cette production au nombre des bons ouvrages de ce grand peintre de marines.

Toile. H. 19 p. 6 l.; larg. 21 p.

BERCHEM (Nicolas).

33. — *Le retour des bergers.*

D'épais nuages obscurcissent le ciel et laissent à peine pénétrer les rayons du soleil sur la campagne; tout indique l'approche d'un orage. Les bergers songent à rentrer en toute hâte au hameau. Une femme, montée sur un baudet, un pâtre chassant deux vaches et trois chèvres regagnent leurs demeures suivis d'un petit garçon jouant avec un chien. Les fonds de ce paysage sont montagneux et boisés.

La fraîcheur causée par les nuages amoncelés dans l'air est on ne peut mieux indiquée par une légère vapeur qui circule dans toutes les parties de ce paysage où la touche spirituelle et inimitable de Berchem brille dans tout son éclat.

Bois. H. 15 p. 6 l., larg. 21 p.

BOL (Ferdinand).

34. — *Portrait d'homme.*

Le personnage dont ce portrait nous offre les

traits est coiffé d'une toque de velours couvrant de grands cheveux qui tombent en boucles sur les épaules. Il est vêtu d'un justaucorps noir et d'un manteau rouge brodé en or; une médaille pend à son cou, attachée par une chaîne en pierre fines. Il est assis et vu à mi-cuisses devant une table sur laquelle il pose les deux mains dont une est recouverte d'un gant; sa figure est tournée de trois quarts et ses regards fixent le spectateur.

Ce morceau d'un pinceau suave et soigné est remarquable par son coloris et d'un effet digne du meilleur élève de Rembrandt.

Toile. H. 36 p. 4. l., larg. 31 p. 8 l.

BOTH (Jean) dit Both d'Italie.

35. — *L'abreuvoir.*

Une grande route part du premier plan et conduit en montant derrière une colline dont la base est coupée à pic; elle est couverte d'arbres, d'arbrisseaux et de buissons; une habitation se trouve placée à la pointe du terrain au pied duquel est pratiqué un chemin de traverse où se repose un voyageur qui s'est déchargé de son fardeau. Dans l'endroit où les routes se croisent, deux femmes sont arrêtées près d'une auge en pierre, l'une d'elles y puise de l'eau provenant d'une source qui se répand en une mare formée sur le premier plan; un chasseur sur un cheval gris y fait rafraîchir sa monture; il est suivi par deux garçons de chasse qui conduisent trois chiens dont l'un se désaltère à la mare. A gauche le pays est montagneux, boisé, et meublé sur le devant de diverses plantes qui croissent sur un sol sablonneux.

Le soleil qui a déjà fait jaunir le feuillage des arbres répand sur ce paysage une couleur généralement dorée qui indique une brûlante journée d'été; cette lumière vive produit un effet rendu avec beaucoup de vérité. Ce tableau est en outre artistement peint, d'une touche fine et spirituelle. Les jolies figures dont il est orné sont dues au pinceau d'André Both.

Toile. H. 26 p. 3 l., larg. 32 p. 4 l.

BRACKENBURCH (Renier).

36. — *Famille hollandaise dans son intérieur.*

Une jeune mère donnant le sein à son enfant sourit amoureusement à son mari qui la contemple. Une jeune fille s'amuse avec sa poupée. La bonne grand'maman conte une histoire à son petit-fils. Une autre femme fait croire à un petit garçon que les gâteaux tombent tout cuits par la cheminée; ce dernier tend son chapeau, ce qui amuse beaucoup plusieurs personnes présentes à cette scène. La chambre contient en tout quinze figures, lesquelles, ainsi que les meubles et autres accessoires, sont peints avec autant de goût qu'ils sont bien exécutés.

Toile. H. 13 p., larg. 15 p.

BRAUWER (Adrien).

37. — *Dispute de paysans.*

Quatre rustres s'étant pris de querelle en viennent aux mains; le plus fort en saisit un par la gorge, de manière à lui faire faire une grimace affreuse et peut-être à l'étrangler, si un troisième n'employait tous ses efforts pour le retenir; le quatrième jette des cris effrayants. A travers la porte on aperçoit la tête d'un personnage qui voudrait bien entrer, mais qui ne paraît pas disposé à se mêler de cette querelle.

Ce peintre le cède peu à Jean Steen comme physionomiste; ses figures sont remarquables par leur expression, et l'effet de ses tableaux est toujours bien entendu.

Bois. H. 10 p. 2 l., larg. 13 p.

CHAMPAIGNE (Philippe de).

38. — *Portrait en pied du cardinal de Richelieu.*

Cet habile ministre est représenté debout et de grandeur naturelle. Il tient d'une main un pan de sa robe, de l'autre son bonnet dignitaire. Une draperie imitant un tissu d'or se déploie sur le fond du tableau; le jour qui l'éclaire vient d'une croisée ouverte et donnant sur la campagne.

Ce portrait est assurément des plus remarquables sous le rapport de l'art; mais ce qui le recommande plus fortement encore à l'attention des curieux, c'est l'image du grand homme qu'il retrace si fidèlement à nos yeux.

Toile. H. 98p., larg. 64 p.

Extrait du catalogue Henry du 16 février 1830.

CRAYER (Gaspard de).

39.—*La charité deai snt Martin.*

Arrivé aux portes d'Amiens, saint Martin encore cathécumène, accompagné de deux de ses gardes, ayant rencontré un pauvre homme presque nu et transi de froid, coupe son manteau en deux et lui en donne la moitié. Le Christ entouré d'une gloire et environné d'anges apparaît dans le haut du tableau et contemple cette scène.

Cette esquisse est traitée savamment et avec beaucoup de sentiment.

Toile. H. 27 p., larg. 21 p. 6 l.

CUYP (Albert).

40.—*Un pâturage.*

Trois vaches, deux rousses et une jaunâtre, couchées sur une belle nappe de gazon, sont gardées par une villageoise qui parle avec un homme monté sur la croupe d'un cheval blanc chargé de deux paniers. Un rideau de montagnes termine le point de vue; une vieille tour surmonte celle qui est la plus rapprochée. En deçà des montagnes est un pays boisé sur lequel se détachent les figures; quelques plantes ornent le devant du paysage.

La couleur en est vigoureuse et d'un bel empâtement; la lumière dorée du soleil se reflète sur les animaux et produit un effet des plus vrais.

Bois. H. 14 p. 9 l., larg. 20 p.

41. — Un cheval blanc dans une écurie.

Il est debout, vu de profil et attaché à la mangeoire par sa bride; une botte de foin est jetée dans le ratelier.

Malgré son extrême simplicité, cette composition attire par sa grande vérité, par le mérite de son exécution et par la forme élégante de ce bel animal. Que sa pose est naturelle! point de raideur dans son maintien; tous les muscles se voient, ses narines respirent; on le croirait vivant.

Bois. H. 9 p., larg. 12 p. 3 l.

CUYP (Genre d'Albert).

42. — La prairie.

Trois vaches s'y reposent dans diverses attitudes. Deux sont couchées, et la troisième, vue de profil, est debout.

Ces animaux se détachent sur un fond de paysage qui a été usé par celui qui s'est chargé de le nettoyer; cette partie n'est heureusement qu'accessoire au principal sujet. Étant refaite avec adresse, le tableau acquerra une nouvelle valeur qui offrira une chance avantageuse à celui qui en fera l'acquisition.

Toile. H. 46 p., larg. 62 p.

DURER (Albrecht). École Allemande.

43. — *Portrait du père d'Albert Durer.*

Il est vu de trois quarts, le col nu, portant un justaucorps de couleur verte, recouvert d'un manteau carmélite à manches, doublé de fourrure.

L'inscription allemande placée dans le haut du tableau indique que c'est le portrait du père de Durer, peint à l'âge de soixante-dix ans, en l'année 1494.

Ce tableau est le second de ce maître que nous présentons en vente dans le courant de cette saison. Nous pouvons en faire la remarque parce que ses ouvrages en peinture sont très-rares, et dans l'espace de quinze ans que nous avons habité l'Allemagne, il ne nous est arrivé qu'une seule fois de rencontrer dans le commerce un tableau de ce maître. Bien que celui dont il est question ici soit de la jeunesse du peintre, il n'est pas moins intéressant sous le rapport de l'art que sous celui du personnage qu'il représente. Son exécution ne laisse aucun doute sur son authenticité; on reconnaît le maître à la finesse et à la légèreté du pinceau, à sa couleur transparente et glacée, à son ton un peu bistre dans les ombres, à ses contours arrêtés et surtout à la grande vérité de l'expression.

Bois. H. 21 p. 3 l., larg. 15 p. 4 l.

DYCK (Antoine-Van).

44. — *Portrait de femme.*

Elle est assise dans un fauteuil, coiffée en cheveux

et vêtue d'une robe noire à manches courtes, dont le corsage est accompagné par en haut d'une espèce de fichu. Trois roses, échappées de sa main droite, sont sur ses genoux; son coude gauche pose sur un bras du fauteuil.

On ne peut donner à la chair plus d'éclat et de fraîcheur; c'est bien là un teint de lis et de roses.

Toile. H. 42 p., larg. 34 p.

45. — *Autre portrait de femme.*

Elle est peinte à mi-corps, en habit de deuil, avec des perles et des plumes dans ses cheveux, et un éventail à la main.

Ce portrait est aussi d'une grande finesse de coloris. Toile. H. 42 p., larg. 31 p.

Cet article et le précédent sont extraits du catalogue de M. Henry, du 14 avril 1834.

46. — *Tête d'étude.*

C'est celle d'un jeune homme ayant de beaux cheveux blonds.

DYCK (École de Van).

47. — *Sainte Rosalie enlevée au ciel par des anges.*

Elle est vêtue de noir; ses yeux tournés vers le ciel expriment un état de béatitude extrême, elle laisse le monde sans regret; un ange lui pose une couronne de fleurs sur la tête; d'autres la soutiennent dans l'air.

Toile. H. 37 p. 6 l., larg. 29 p.

48. — *Portrait d'homme.*

C'est celui d'un général en chef, tenant de la main droite le bâton de commandement et appuyant la gauche sur la garde de son épée; son casque est sur une table à côté de lui.

Toile. H. 80 p., larg. 50 p.

EVERDINGEN (Albert Van).

49. — *Le vieux château.*

Sur une montagne composée de rochers et recouverte de mousse, de bruyères, d'arbustes, un vieux château à plusieurs tourelles domine un point de vue des plus pittoresques. De cet endroit, l'œil plane sur un pays varié à l'infini; villes, villages, chaumières, cascades, rivières, vallées, coteaux, forêts, s'y trouvent réunis. Au pied d'un énorme rocher passe une route que longent plusieurs voyageurs. Au milieu du paysage, sur le second plan, une bergère fait paître un troupeau de moutons. Un torrent coule près de là en passant sous un frêle pont qui conduit à une cabane recouverte de chaume; il vient se briser contre des rocs qui forment l'avant-scène du tableau. Sur le sommet de l'un de ces rocs, deux curieux sont accompagnés par un guide qui leur fait examiner les beautés du site. Trois grands sapins s'élèvent à gauche de ce beau paysage.

Il est rare qu'Everdingen nous montre dans ses paysages un site aussi grandiose, d'une aussi vaste étendue et terminé avec plus de soin que celui-ci;

il se détache sous un ciel admirable; un air pur et frais circule partout; le brillant coloris de ce maître s'y fait remarquer dans tout son éclat; les teintes en sont variées comme celles de la nature dont il serait difficile d'approcher de plus près.

Toile. H. 51 p., larg. 57 p.

50. — *Site de Norwège.*

Une énorme nappe d'eau tombe entre des masses de rochers garnis de mousses, pittoresquement composés et variés de couleur. Une cabane en planches, bâtie sur pilotis et soutenue sur ces rochers, se détache devant de grands arbres et une montagne qui occupent les fonds de cette partie. Au-delà de cette cascade on aperçoit une chaumière, des bois coupés jetés çà et là, ainsi qu'une forêt de sapins.

Toile. H. 38 p., larg. 48 p.

HOLBEIN (Genre de Jean). École Allemande.

51. — *Portrait de Guillaume Tell.*

Cet illustre défenseur de la liberté helvétique est vu à mi-corps, de trois quarts, la tête haute, le regard fixe; il est coiffé d'une large toque et vêtu d'un habillement gris entr'ouvert qui laisse voir sa chemise; il tient une flèche et le bout de son arc dans la main gauche; une chaîne d'or est suspendue à son cou. Une petite horloge ancienne est accrochée au mur; dans le haut du tableau, sur une petite banderolle, on lit ces mots : *Hora est.*

Maintenant qu'un grand nombre de curieux s'occupent de la recherche des portraits historiques, ils ne sauraient en trouver un plus intéressant sous ce rapport, ni plus approchant des beaux ouvrages d'Holbein.

Bois. H. 27 p. 6 l., larg. 18 p. 9 l.

HOOCH (Pierre de).

52. — *Le marché aux poissons.*

Une grosse ménagère hollandaise, à physionomie franche et décidée, tient par la main une petite fille fraîche et gentille; elle traite avec une marchande de poissons de l'achat d'un gros turbot sur lequel cette dernière pose la main gauche, tout en gesticulant de la droite. La mise de la ménagère indique de l'aisance; elle porte un casaquin vert garni d'une fourrure blanche et une jupe rouge recouverte d'un tablier de mousseline claire, récemment déployé et repassé. La marchande est vêtue comme le sont en Hollande les femmes de son état, bonnet noir et camisolle rouge recouverte d'un corsage noir. Derrière son étal chargé de poissons de diverses espèces, on aperçoit le marché situé sur une place devant un port. Là abonde la foule; acheteurs, marchands, pêcheurs, marins, tout est pêle-mêle. Ces figures dans leurs positions sont éclairées par des accidents de lumière plus ou moins vifs, provenant du soleil qui passe à travers les déchirures des paillassons placés devant chaque boutique, ce qui produit un effet remarquable par l'opposition prononcée avec la couleur sombre des planches de la toiture.

Toile. H. 21 p., larg. 23 p. 6 l.

53. — *La correspondance.*

Assise devant une table couverte d'un riche tapis, une jeune dame hollandaise écrit une lettre; son regard est tourné vers le spectateur, sa physionomie indique d'agréables réflexions. Près d'elle, sa suivante est debout tenant un panier d'une main; de l'autre, elle semble indiquer l'arrivée du mari, que l'on aperçoit à travers la porte de la chambre en dehors de celle d'une petite pièce voisine. Cette dernière porte entièrement ouverte laisse voir la campagne et pénétrer les rayons du soleil qui dardent sur le plancher. Une cheminée à colonnes surmontée d'un portrait, ainsi qu'une chaise sur laquelle sont posés un manteau et un chapeau d'homme, meublent la grande chambre. La table ne permet de voir la jeune dame qu'à mi-corps; elle est vêtue d'un déshabillé gris, bordé de fourrure jaune. La suivante porte un jupon et une camisolle rouges; sa figure est de profil et dans la demi-teinte. Un petit chien placé à ses pieds est attentif aux mouvements du mari qui entre en prêtant l'oreille.

Toile. H. 19 p. 4 l., larg. 23 p.

Les tableaux de Pierre de Hooch sont aussi rares que recherchés. Promettre aux amateurs deux ouvrages de ce peintre, c'est s'engager à leur montrer tout ce que l'art peut créer de parfait, par la combinaison des couleurs et la science des oppositions, afin de produire des effets extraordinaires et d'une illusion complète.

JARDIN (KAREL DU).

54. — *Pâtres jouant aux cartes.*

Dans un pâturage situé au pied de hautes montagnes qui bornent la vue de ce paysage, quatre pâtres sont réunis : deux jouent aux cartes assis sur l'herbe, un troisième debout regarde leur jeu, et le quatrième dort profondément près d'un cheval blanc. Un âne et deux brebis paissent à peu de distance.

Toile. H. 17 p., larg. 14 p.

LAIRESSE (GÉRARD DE).

55. — *Minerve.*

La déesse de la sagesse, assise sur son trône, coiffée d'un casque et ceinte d'une cuirasse, tient une clé d'or de la main gauche et indique de la droite le Vice qu'elle foule aux pieds et qu'elle ordonne au Génie de la vengeance céleste de percer de son épée. Une branche de lauriers gît au pied du trône.

Toile. H. 55 p. 7 l., larg. 54 p.

LENTZEN.

56. — *Brebis au pâturage.*

A gauche, une chaumière entourée d'une haie de

roseaux. Sur le devant, deux brebis couchées sur le gazon, une debout, trois autres un peu plus loin; de plus, un berger avec son chien. Le ciel, très-éclairé du soleil, en reflète les rayons sur toutes les parties de ce paysage.

II. L.

MAAS (Théodore).

57. — *L'abreuvoir.*

Dans une belle soirée d'été indiquée par un ciel rougeâtre qui reflète sa couleur sur le paysage et sur tous les objets qui s'offrent à la vue, un chasseur, sa femme et un domestique, tenant des chiens en laisse, passent sur le premier plan au pied d'un pont adossé à des terrains élevés et sous lequel coule une rivière. Un palfrenier conduit deux chevaux à l'abreuvoir; mais l'un d'eux ne voulant pas y entrer, un petit garçon le frappe à coups de bâton pour le faire avancer. Deux baigneurs sont dans la rivière; d'autres se déshabillent sur le bord.

Ce paysage est composé à la manière d'Asselyn et les figures sont peintes dans le goût de Pierre Wouwermans.

Bois. H. 13 p. 9 l., larg. 18 p. 6. l.

MIEL (Jean).

58. — *La Sainte-Famille.*

Le Sauveur, âgé d'environ quatre ans, voyage à pied entre la Vierge et saint Joseph, qui le mènent l'un et l'autre par la main. Ses regards tournés vers sa mère semblent indiquer qu'il lui fait part des sons mélodieux qui frappent ses oreilles et qu'il lui en demande la cause. Des anges, descendus avec la cour céleste dans les basses régions de l'air, forment en effet un saint concert. Le Père éternel, son fils et l'Esprit-Saint ont les yeux fixés sur Jésus.

On ne connaît point de petit tableau de piété qui soit plus agréable que celui-ci, et qui réunisse plus de qualités. Il y a de la dignité et de la simplicité; le coloris en est séduisant, le dessin gracieux, l'exécution suave, délicate et du meilleur goût. C'est l'ouvrage, on ne peut s'y méprendre, d'une main également habile à peindre l'histoire et les sujets de genre : tel fut, en effet, le double talent de Jean Miel.

Toile. H. 11 p. 10 l., larg. 9 p. 6. l.

N° 91 du catalogue de M. Érard, par M. Henry.

59. — *Herminie et les bergers.*

Un vieillard entouré de sa famille est assis devant sa cabane ombragée par des arbres, quand Herminie, sous les vêtements d'un guerrier, conduisant son cheval par la bride, vient lui demander l'hospitalité; elle est accueillie avec bonté; des bestiaux paissent autour de l'habitation.

Toile. H. 26 p. 3 l., larg. 35 p. 6. l.

MILLÉ (Francisque).

60. — *Les tireurs d'arc.*

Paysage. Le second plan offre un terrain disposé

pour le tir de l'arc. Quatre personnes vêtues à l'antique s'y exercent à ce jeu : l'une vient de lancer sa flèche, qui n'a porté qu'à une grande distance du but ; d'autres personnes examinent cet exercice, appuyées sur le mur de clôture. Sur un plan plus éloigné s'élèvent, à gauche, de grands arbres, et à droite des montagnes derrière lesquelles on remarque de beaux édifices indiquant l'entrée d'une ville.

Toile. H. 9 p. 7 l., larg. 14 p. 5 l.

61. — *Paysage composé.*

Le milieu de l'avant-scène est coupé par une route qui se dirige à droite vers l'entrée d'un bois, et à gauche conduit à une ville ornée de temples et d'autres monuments au-dessus desquels on aperçoit de hautes montagnes qui terminent le point de vue.

Toile. H. 10 p. 6 l., larg. 15 p. 8 l.

62. — *Site d'Italie.*

Un chemin tournant conduit dans toutes les directions d'un paysage montagneux et verdoyant, riche de plantes, d'arbustes, d'arbrer et de belles fabriques. Une femme vêtue à l'antique va puiser de l'eau à une fontaine située à gauche du point de vue.

Toile. H. 32 p. 6 l., larg. 42 p.

OMMEGANCK.

63. — *Marché d'animaux.*

Un homme et une femme, montés chacun sur un

baudet, viennent de traverser une rivière guéable, précédés par deux vaches, des chèvres et des moutons qui s'avancent sur un grand chemin côtoyant la lisière d'un bois, et conduits par un pâtre qui se trouve à la tête du troupeau.

Quoique peu fait, ce tableau a tout le séduisant des ouvrages de ce peintre.

Marouflé sur bois. H. 8 p. 10 l., larg. 10. 4 l.

OSTADE (Adrien Van).

64. — *Chacun son goût.*

Nous donnons ce titre à deux tableaux faisant pendants.

L'un offre pour sujet un homme assis dans un fauteuil devant une table sur laquelle sont posés une pipe, une boîte à tabac et un verre de bière. Il a dans la main droite un réchaud et dans la gauche une pipe qu'il se prépare à allumer. La physionomie de ce fumeur exprime un état de parfaite satisfaction; son bonnet rouge et son col de chemise rabattu en accroissent encore l'expression; tout son bonheur paraît consister en deux choses, *la pipe et la bière.*

Le second tableau n'offre qu'un seul objet préféré à tout autre. Aussi la figure de cette bonne femme, si singulièrement coiffée, nous dit-elle qu'elle y porte toute son affection, que rien n'est au dessus d'un verre de genièvre, liqueur favorite des Néerlandais. En disant *un verre*, nous sommes peut-être trop modeste; car la bouteille carrée, à moitié pleine de ce spiritueux, qu'elle tient encore dans une position oblique, ne nous indique-t-elle pas que cette bonne femme ne s'est pas contentée d'un seul verre, ou bien qu'elle a l'intention d'en augmenter la dose?

La mine joviale et grivoise de ces deux physionomies est admirablement bien rendue; elles sont pleines de vie et d'expression; ce sont deux tableaux des plus soignés, de la plus grande force de coloris et du meilleur temps d'Adrien Van Ostade.

Bois. H. 6 p. 8 l., larg. 5 p. 6 l.

OSTADE (Isaac).

65. — *Le concert villageois.*

Le principal artiste joue de la cornemuse; le second est une femme qui l'accompagne en faisant résonner les pincettes avec son couteau; le troisième, debout derrière eux, imite avec ses doigts le son des castagnettes. Peu sensible à ce bruyant trio, un rustre dort la tête appuyée sur une futaille; dans le fond de la chambre un paysan assis sur un banc joue avec un enfant, un autre est debout tourné contre le mur.

Sans être autant fini qu'on pourrait le désirer, ce petit tableau est attrayant par son effet et la magie de son clair-obscur.

Bois. H. 9 p., larg. 7 p.

PETERS (Bonaventure).

66. — *Marine.*

Le devant de la composition et toute la partie

droite sont occupés par une île inculte où se trouvent des sauvages armés d'arcs et de flèches, qui accourent sur le bord du rivage et paraissent se consulter pour savoir s'ils s'opposeront au débarquement de l'équipage d'un grand bâtiment qui se dirige sur l'île.

Bois. H. 13 p. 4., larg. 17 p. 8 l.

POTTER (PAULUS).

67. — *Le pâturage.*

Près d'un saule qui borne un enclos, et sur un tertre légèrement garni de verdure, une vache, d'un gris sale, est debout et vue de profil; devant elle s'en trouve une autre rouge et blanche, qui est couchée et aussi vue de profil. A droite, on aperçoit une petite plaine où paraissent au loin plusieurs vaches et un mouton.

Rien n'est plus simple que cette composition, mais aussi rien n'est plus vrai; c'est la plus fidèle imitation de la nature que l'art puisse créer. Aucune description ne saurait en donner une idée exacte, et encore tout ce que l'on pourrait en dire ne serait qu'une répétition de ce qui a été exprimé toutes les fois qu'il a été question du talent de Potter, du goût et de la correction de son dessin, de la vérité dans les poses et dans les mouvements de ses animaux, de l'habileté de son pinceau, de son bel empâtement de couleur et de tant d'autres qualités qui distinguent si éminemment ses ouvrages. Mais cependant, qu'on se figure regarder deux vaches dans une prairie, que l'imagination se les représente dans une proportion telle qu'elles puissent être placées dans un espace d'un pied, et l'image qui résultera de cette illusion sera la plus propre à donner une idée fidèle de cette production de Paul Potter.

Nous devons ajouter que la prairie sur laquelle ces deux animaux sont représentés, c'est-à-dire le paysage, se trouve dans un bel état de conservation, mais que le ciel a souffert et que la personne qui s'était chargée de le restaurer n'a pas eu le temps de remplir sa tâche. Ce dommage se voit dans beaucoup d'ouvrages de ce maître qui ont été peints sur des panneaux qui n'avaient reçu aucune préparation.

Bois. H. 11 p., larg. 12 p.

68. — *La vachère.*

Une villageoise trait une vache jaunâtre vue par derrière; auprès d'elle est une chèvre couchée, à quelque distance, un bœuf roux et blanc qui se détache avec la vache sur une touffe d'arbres de teinte vigoureuse. Le paysage offre, à gauche, sur le devant, une mare d'eau, un pays boisé dans le lointain et la cabane de la vachère, à droite, sur une éminence.

Cet ouvrage est de la première manière du maître.

Bois. H. 12 p. 9 l., larg. 17 p. 10 l.

ROMBOUTS (J.).

69. — *La route de Louvain à Anvers, le long du canal.*

Sur le bord de la chaussée se trouve à gauche l'ancienne maison de péage, près de laquelle un chariot, un homme à cheval et plusieurs pauvres sont arrêtés. Le canal traverse dans son milieu toute l'étendue de ce paysage, il est surmonté par un pont sous lequel vient de passer un yacht pavoisé du pavillon hollandais; à droite, on aperçoit la campagne, et dans le fond, la ville de Vilevord avec sa prison d'état.

Toile. H. 30 p., larg. 77 p. 6 l.

70. — *Le percé.*

Dans une épaisse forêt que traverse un chemin ombragé par le rapprochement des branches des arbres, une amazone accompagnée d'un cavalier vêtu de rouge est arrêtée et s'entretient avec lui; trois personnes cheminent dans ce percé qui laisse voir au loin un pays de peu d'étendue.

Bois. H. 23 p. 4 l., larg. 20 p. 2 l.

RUBENS (Pierre-Paul).

71. — *Job.*

Nu sur des pierres recouvertes de paille, Job est harcelé par trois démons ailés, armés de torches et de serpents. L'un d'eux l'enlève par les cheveux, l'autre, en lui enfonçant dans l'épaule les griffes de sa patte gauche, le tire par le seul drap qui le couvrait. Sa vieille femme le considère dans ses souffrances, et paraît ajouter l'ironie et le blasphême à son martyre, en lui disant : « Eh bien! ce Dieu pour qui tu as tout sacrifié, où est-il? est-ce ainsi qu'il récompense la foi que tu as en lui, etc.? » A quoi Job répondit ces paroles devenues depuis si célèbres : « Dieu me l'a donné, Dieu me l'a ôté, que son saint nom soit béni! »

Cette esquisse, ou plutôt ce tableau, puisque tout est rendu, est peint avec un art qui décèle le grand maître. M. Henry ne doutait point qu'il ne fût de Rubens.

Toile. H. 53 p. 8 l., larg. 43 p.

RUYSDAEL (Jacques).

72. — *La carrière.*

Paysage dont la vue, prise d'un point élevé, plonge dans une carrière exploitée par des ouvriers; à gauche des rochers surmontés d'arbustes et tenus dans une demi-teinte vaporeuse en marquent l'enfoncement; ceux placés à droite sont vivement éclairés; de ce même côté, sur le premier plan, on voit un chemin conduisant à l'excavation de la carrière dans laquelle on descend au moyen d'une échelle par laquelle sort un ouvrier pour faire place à un autre qui se prépare à y descendre. Cette partie du tableau est occupée par une cascade qui découle d'une grande masse de rochers entremêlés d'arbustes et de broussailles. Des grands arbres d'un feuillage épais en couronnent la cime et indiquent le commencement d'une forêt. Au-delà de la carrière, dans le milieu du tableau, la vue se porte sur un pays montagneux et boisé, où l'on distingue une chaumière; le ciel commence à se couvrir de nuages qui, tout en reflétant les rayons du soleil, décident de l'effet du tableau.

Cette touche ferme et empâtée qu'on aime à trouver dans les paysages de Ruysdael, ce goût exquis avec lequel il a su dessiner les arbres, en varier les espèces, leur donner à chacun sa forme et son feuillé particulier, ces teintes hardies montées au plus haut degré de vigueur possible, un effet mystérieusement ménagé et que nul autre n'a mieux raisonné, telles sont les qualités qui indiquent un ouvrage du meilleur temps de ce grand paysagiste.

Toile. H. 35 p. 8 l., larg. 46 p. 4 l.

73.—*La cascade.*

Des rocs garnis de mousse, de broussailles et d'arbustes, bordent la droite d'une rivière dont les eaux bouillonnantes, tombant avec fracas entre d'autres blocs de rochers, viennent arroser tout le devant de la composition. Sur la rive opposée se présente un pays montagneux, meublé d'un vieux château en ruines, d'une chaumière, de plusieurs autres habitations et d'arbres de différentes espèces. Les terrains du devant sont soutenus par des pilotis garnis d'écluses, d'où jaillissent des eaux qui alimentent la rivière. A gauche du point de vue, s'élèvent deux hautes montagnes verdâtres dont la base est marquée par des arbres qui en garnissent toute l'étendue.

Malgré quelques repeints qu'on n'a pas cherché à déguiser, on avouera qu'une composition aussi capitale de Ruysdael, embellie par une belle et grande cascade, est un objet qui ne se présente pas fréquemment dans des ventes publiques.

Toile. H. 37 p. 6 l., larg. 52 p. 8 l.

74. — *La route du bois.*

Une route sablonneuse conduit vers un bois masqué en partie par des terrains élevés; un voyageur s'y repose devant un tertre couvert de verdure et sur lequel une femme avec son enfant se dirigent vers une chaumière construite sur son sommet. Un vaste champ de blé occupe toute la droite, des broussailles et de l'herbe garnissent les terrains du devant; des lignes de montagnes bleuâtres terminent les lointains et se détachent sur un ciel d'un gris ardoisé et chargé de nuages.

Joli petit paysage d'un coloris frais et agréable, et d'un effet piquant.

Toile. H. 12 p. 3 l., larg. 13 p. 8 l.

RUYSDAEL (Imitation de.)

75. — *L'entrée d'un village.*

Un tertre couvert d'arbustes, de broussailles, et entouré de palissades, occupe le milieu du premier plan de ce paysage. Un peu à droite une route sablonneuse conduit à un village, elle est bordée de murailles; à l'approche des maisons qui sont entourées d'arbres au-dessus desquels on remarque le clocher; tout-à-fait à droite, on voit une vieille femme à la porte d'une maison pittoresquement construite et devant laquelle s'élève un grand arbre. Du côté opposé une masse de rochers soutient un terrain meublé d'arbres, au bas est une rivière qui, formant une petite cascade coule sur le devant du paysage. Le milieu du tableau est occupé par une campagne boisée, terminée au loin par une chaîne de montagnes.

Bois. H. 27 p. 10 l., larg. 38 p.

76. — *Le village.*

Le long d'un chemin montueux traversé par un pont de planches sous lequel coule un ruisseau, on voit un beau village. Le soleil tout récemment levé ne pénètre que par les intervalles qui séparent les maisons et laisse celles-ci dans une demi-teinte. Au centre d'un groupe d'habitations rustiques ombragées par des arbres qui les entourent, on remarque l'église du village. A droite du chemin s'élève une majestueuse touffe d'arbres qui couronne un énorme rocher baigné par le ruisseau qui borde tout le devant du paysage et au-dessus duquel le terrain moins élevé laisse voir au loin des montagnes verdâtres qui se détachent sur un ciel clair dans cette partie seulement.

Toile. H. 31 p. 4 l., larg. 39 p. 3 l.

77. — *La tour en ruines.*

Une vieille tour et ses dépendances tombées en ruines sont ombragées et entourées par des arbres dont ce paysage est richement pourvu; une rivière occupe le premier plan; à gauche un vieux saule dépouillé de ses branches se trouve sur un petit terrain garni de plantes aquatiques.

Bois. H. 13 p. 10 l., larg. 17 p. 9 l.

SCHELLINCKS (Wilhelm).

78. — *Repos de paysans italiens.*

Ils se trouvent au pied de hauts rochers garnis d'arbustes; l'un d'eux vient de déseller son cheval et regarde s'il n'est point blessé sur le garrot. A sa droite deux personnes assises s'entretiennent avec un pêcheur qui est debout sur un morceau de roc. A la gauche on voit encore trois figures, une femme qui étend du linge et une autre qui coud. Le paysage est occupé à gauche par des fonds montagneux.

Toile. H. 14 p. 9 l., larg. 17 p. 2 l.

TENIERS (École de).

79. — *Les bohémiennes.*

Au pied d'énormes rochers entre lesquels est pratiquée une route qui conduit en zig-zag sur le haut d'une montagne, une bohémienne pronostique l'avenir à un vieillard qui, par l'attention qu'il porte aux prédictions qui lui sont faites, ne s'aperçoit pas qu'un petit bohémien lui enlève quelque chose de sa poche. Sur la gauche un pays d'une vaste étendue est traversé par une rivière.

Toile. H. 38 p. 9 l., larg. 54 p.

TOLL (DOMINIQUE VAN).

80. — *La nourrice.*

Dans une chambre à coucher meublée d'un lit, d'une table, d'un tabouret et d'un berceau en osier, une mère assise sur un fauteuil présente le sein à son petit garçon qu'elle soutient de la main gauche ; mais une jeune fille l'empêche de téter en lui faisant voir une fleur qu'il cherche à attraper. La maman sourit à ce jeu enfantin dont elle attend patiemment l'issue. Elle est vêtue d'un déshabillé bleu bordé de fourrure blanche, une jupe d'étoffe cramoisie relevée sur ses genoux laisse voir un jupon de dessous de couleur rouge. Un bonnet blanc tout uni couvre sa tête. Une Bible ouverte et un flambeau sont placés sur sa table. Un lustre de forme antique pend au plafond, du centre duquel descend une draperie rouge et bleue qui, relevée sur la droite, forme rideau. Dans le fond à gauche, on remarque dans la demi-teinte deux hommes s'entretenant près d'une croisée.

Cette composition est agréable et rendue avec beaucoup de vérité.

Bois forme cintrée. H. 18 p., larg. 13 p. 6 l.

 713

TRAUTMANN (JOHANN GEORG). École Allemande.

81. — *Tête de vieillard.*

Un vieillard à barbe blanche, enveloppé dans un manteau noir fixé au-dessus de la poitrine par une agrafe en or, paraît méditer sur le sujet qu'il se propose d'écrire dans un livre ouvert devant lui et sur lequel il appuie les deux mains.

Bois. H. 24 p., larg. 18 p. 6 l.

VERBOECKHOVEN.

82. — *Marine.*

Un petit navire hollandais et quelques voiles à différentes distances marchent sur une mer légèrement en mouvement. Deux pieux et un tonneau qui vogue sur les eaux détruisent la trop grande uniformité des vagues.

Bois. H. 9 p. 3 l., larg. 11 p. 1 l.

83. — *Autre marine.*

Elle est composée à peu près dans la même manière.

Bois. H. 9 p. 10 l., larg. 11 p. 9 l.

WETT (JEAN DE).

84. — *Joseph expliquant les songes.*

Pharaon assis sur son trône, entouré des plus anciens de l'Égypte, écoute Joseph qui est prosterné devant lui et lui fait l'explication de ses songes.

Bois. H. 14 p. 6 l., larg. 19 p. 3 l.

HELST (Barthołomé Van der).

85. — *Portrait d'homme.*

Ce portrait est celui d'un Hollandais de distinction. Il est représenté jusqu'à mi-cuisses, de grandeur naturelle, debout devant une colonne, tenant ses gants de la main gauche et son chapeau de la droite qu'il a appuyée sur la hanche. Ses cheveux pendent sur ses épaules, une légère moustache blonde couvre sa lèvre supérieure. Son vêtement est composé d'un pourpoint de soie noire à bouffantes blanches, sur lequel est rabattu un collet de dentelle attaché par deux houpettes. Il est drapé dans un manteau de la couleur de son habit.

Ce portrait est rendu avec une telle vérité que si on le regarde long-temps on finit par oublier que c'est une peinture. Au surplus la supériorité de Van Der Helst est si connue dans ce genre que son nom nous dispense de tout autre éloge.

Toile. H. 42 p., larg. 34 p. 6 l.

86.

Dans un gras pâturage situé au pied d'un rocher, une vache se repose debout à l'ombre de deux grands arbres ; une autre, vue par le dos, est couchée la tête tournée contre une rivière. Genre de Potter.

87.

Le mariage de la Vierge, composition de cinq figures, genre d'Elzheimer, sur ardoise.

88.

Le baptême de l'eunuque ; genre de Breughel.

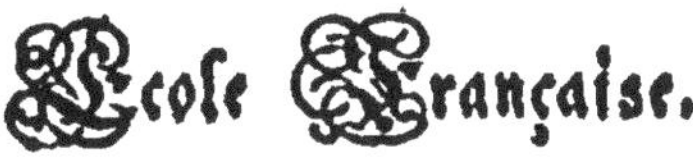

BERRÉ (M.)

89. — *Un pâturage.*

Un beau bouquet d'arbres entre lesquels on aperçoit trois vaches s'élève au milieu du paysage sur un terrain de second plan. Devant ces arbres se trouve un grand saule dont une vache blanche tachetée de gris broute les feuilles. Au pied du même arbre, une seconde vache rousse et une brebis sont couchées sur l'herbe ; une autre brune et blanche est debout et vue de profil. Ce pâturage est arrosé par une rivière qui le sépare d'une prairie où deux pâtres gardent un troupeau. D'autres animaux sont dispersés au loin dans la campagne où se voit un troisième berger avec son troupeau. Des pays se détachent à l'horizon sur une ligne de montagnes azurées ; des plantes et une belle pelouse déchirée par des terrains sablonneux reflètent les rayons dorés du soleil qui éclaire tout ce paysage.

Ce bel ouvrage est plus capital que tous ceux du même auteur qui ont paru jusqu'à présent dans les ventes publiques ; nous le recommanderons aux amateurs, moins par la richesse de sa composition et la belle proportion des animaux, que par le mérite de son exécution. Ce peintre consciencieux étudie ses ouvrages et les termine avec un soin tout particulier; ses animaux sont bien modelés et d'un dessin parfait; leur coloris est vrai; aussi M. Berré ne cesse-t-il jamais de prendre la nature pour modèle, ce tableau en est une preuve incontestable.

Toile. H. 24 p., larg. 36 p.

90. — *La prairie.*

Une vache brune est debout et broute l'herbe, une autre grise et blanche est couchée. Une brebis et son agneau se reposent devant une haie, près le petit gardien du troupeau, qui est assis sur l'herbe. A droite se trouvent un âne et d'autres animaux qui paissent dans la prairie; un pays boisé termine les lointains.

Ce tableau est de la même qualité que le précédent.

Toile. H. 9 p., larg. 12 p.

BERTIN (M. Jean-Victor).

91. — *L'entrée du parc.*

Sur une terrasse conduisant à un parc dont les murs sont baignés par les eaux de la mer, deux personnes en costume antique examinent une statue placée à droite du point de vue.

Ce petit tableau est peint avec soin et d'un bel effet de lumière.

Bois. Forme cintrée. H. 6 p. 6 l., larg. 4 p.

BOURDON (Sébastien).

92. — *Deux sujets allégoriques.*

Ces compositions paraissent avoir trait à l'histoire de France. Dans l'une, une belle femme sous la forme d'un génie protecteur fait franchir à un jeune enfant la première marche d'un trône, lequel, à en juger d'après la draperie qui le couvre, est vacant; elle lui pose la main sur un sceptre et une couronne placés sur le trône.

Dans l'autre, le même génie présente un livre ouvert à une jeune princesse, pour, sans doute, lui faire connaître l'histoire de son pays.

Moins les ouvrages de Bourdon sont finis, dit d'Argenville, meilleurs ils sont. Ces deux jolis petits tableaux pourraient bien prouver la vérité de cette assertion.

Toile. H. 16 p. 6 l., larg. 11 p. 6 l.

93. — *Un martyr.*

Préférant la mort plutôt que de renoncer au christianisme, ce martyr de la foi, les mains liées derrière le dos, est prêt à être jeté dans une chaudière d'huile bouillante placée devant une idole élevée sur un piédestal. Un ange lui apparaît et lui présente la palme du martyre et la couronne de l'immortalité. Une foule de personnes assistent à ce déchirant spectacle.

Toile. H. 32 p., larg. 41 p.

94. — *Saint Jean donnant le baptême.*

Une multitude de personnes accourues de Jérusalem et de toute la Judée couvrent les deux rives du Jourdain et se présentent à saint Jean pour se faire baptiser dans ce fleuve.

Toile. H. 58 p., larg. 42 p. 4 l.

95. — *L'holocauste.*

Des païens immolent un agneau en l'honneur de l'une des divinités du paganisme.

Toile. H. 62 p., larg. 36 p. 6 l.

96. — *Vénus remettant des armes à Énée.*

La déesse de l'amour, assise sur des nuages flottant au-dessus de son char, montre à Énée les armes qu'elle lui destine en lui disant : « Voici le don précieux que je vous ai promis, les armes faites de la main de mon époux. Ne craignez pas, mon fils, de défier au combat les superbes Laurentins et l'audacieux Turnus. » Le guerrier est debout, placé devant sa mère ; derrière lui, deux fleuves, couronnés de joncs, sont appuyés sur un vase d'où découle le Tibre.

Cette composition, qui dénote un homme de génie, fait honneur à Sébastien Bourdon et à notre ancienne école française.

Toile. H. 25 p. 6 l., larg. 29 p. 9 l.

BOURGUIGNON (JACQUES-COURTOIS, DIT LE).

97. — *Marches de cavalerie.*

Deux tableaux : l'un représente deux cavaliers cuirassés, et l'autre des cavaliers arméniens. Dans le premier, un officier supérieur, monté sur un cheval blanc, semble donner des ordres à un officier subalterne; derrière eux, l'armée est en marche et commence l'attaque au loin dans une plaine. Dans le second, un cavalier arménien, tenant sa lance à la main, reçoit les ordres d'un officier assis sur un morceau de roc, et derrière lequel le chef de la troupe, monté sur son cheval, commande la marche.

Ces deux tableaux sont bien composés, d'un coloris clair et brillant, dignes de Salvator Rose par la touche et l'exécution.

Toile. H. 8 p. 9 l., larg. 13 p. 3 l.

BOUTON (M. CHARLES-MARIE).

98. — *Michel Cervantes prisonnier.*

Des fonts baptismaux encore placés dans le milieu de ce monument indiquent une vieille église gothique transformée en prison; elle renferme l'auteur de Don Quichotte occupé à lire à son geôlier des passages de son célèbre ouvrage; celui-ci rit aux éclats et sa figure grotesque rappelle Sancho Pansa. A en juger d'après la manière attentive dont l'auteur le considère, il paraîtrait qu'il l'aurait pris pour modèle de l'écuyer du héros de son roman.

Une fenêtre, placée dans le fond de cette prison, procure ordinairement le seul jour qui l'éclaire. Mais, dans ce moment, le jour y pénètre aussi par la porte d'entrée que le geôlier a laissée entr'ouverte; il se répand vivement sur le plancher, frise sur la figure de Cervantes et sur le papier qu'il tient à la main.

Ces deux lumières produisent des oppositions bien ménagées qui, jointes à une belle entente de couleur, procurent un effet tel qu'on croirait voir ce tableau à travers un miroir d'optique, c'est-à-dire de manière à faire illusion.

Toile. H. 53 p. 3 l., larg. 41 p. 6 l.

99. — *Ruines de monastères.*

Sous l'une d'elles, se promène gravement un religieux. Un tableau pend encore à une muraille lézardée, près d'une porte vis-à-vis laquelle sont des escaliers qui conduisent dans des catacombes. L'autre est moins respectée par le temps; une mare d'eau y séjourne.

Ces deux petits tableaux sont traités avec une grande délicatesse de pinceau.

Toile. H. 3 p., larg. 2 p. 2 l.

LORRAIN (Style de Claude).

100. — *Le jeu de boules.*

Sur le devant d'un port de mer d'Italie, cinq marins jouent aux boules; un jeune garçon vendant des oranges examine attentivement leur jeu. Plus loin, sous le péristyle d'une église de construction moderne, deux hommes lisent une affiche. Sur le bord de la mer, un marchand fait marquer des ballots que vient chercher un batelier dans son canot. Un gros navire stationne dans la rade. Des rochers de forme conique, dont l'un s'élève isolément dans une mer calme, bornent le point de vue.

Toile. H. larg.

COYPEL (Antoine).

101. — *Esther aux pieds d'Assuérus.*

Mardochée ayant fait savoir à Esther le péril où se trouvaient ses co-religionnaires par l'édit que le favori Aman avait obtenu du roi, cette princesse vient implorer Assuérus, et lui découvrant sa naissance, elle tombe évanouie entre les bras de ses femmes.

Toile. H. 32 p.; larg. 41 p.

DEMARNE (Jean-Louis).

102. — *Une forêt.*

Sur le bord d'un chemin, à l'ombre d'un feuillage épais qui orne les sommités de plusieurs vieux chênes, une femme se repose de la fatigue que paraît lui causer la chaleur. Elle allaite son enfant pendant que son chien, couché près d'un modeste bagage, semble veiller à la sûreté de sa maîtresse. Cette belle

722

forêt, meublée de toutes sortes d'arbres, est arrosée par un large ruisseau qui tombe en cascade sur le premier plan; un arbre coupé sur son bord est couché en travers de l'eau. Un vieux chêne dépouillé de feuillage s'élève au devant un massif d'arbres de diverses espèces, formant des percés au travers desquels on voit au loin un pays richement boisé.

Toile. H. 17 p. 6 l., larg. 22 p. 6 l.

103. — *Un pâturage.*

Une villageoise tenant sa quenouille se distrait de filer en donnant du pain à une chèvre; son chien guète le morceau qui doit lui revenir. Une vache noire est couchée près d'un gros arbre, une rousse est debout et plusieurs autres s'aperçoivent dans l'éloignement.

Bois. H. 4 p. 6 l., larg. 8 p.

104. — *Le jeu du pied-de-bœuf.*

Deux jeunes filles assises au pied d'un grand chêne jouent au pied-de-bœuf avec un villageois. Un second, sa houlette à la main, est attentif à ce divertissement. D'autres campagnards gardent un troupeau consistant en une vache debout, un taureau jaunâtre couché, un âne, trois brebis, trois chèvres et trois chevreaux. Les fonds sont montagneux et boisés. A gauche, une rivière va, en serpentant, se perdre dans les lointains. De l'autre côté de cette rivière un pâtre assis au pied d'un arbre joue de la flûte en gardant un troupeau de moutons et de chèvres.

Toile. H. 18 p. 9 l., larg. 22 p. 9 l.

105. — *Un pâturage.*

Un nombreux troupeau de gros et menu bétail est au pâturage dans une belle prairie bordée à gauche dans l'éloignement par une rivière sur laquelle passe un bateau. Au delà de cette rivière se trouve un pays boisé et un moulin à vent. Le gardien du troupeau est assis au pied d'un arbre à moitié dépouillé de ses branches, il plaisante avec deux jeunes filles; l'une est à genoux et lui présente une petite fleur, nommée vulgairement chandelle, dont elle soufle le duvet devant lui. L'autre se repose nonchalamment à côté du pâtre en s'appuyant sur ses genoux.

Toile. H. 18 p. 6 l., larg. 22 p. 6 l.

DUPLESSIS (Joseph-Siffard).

106. — *Portrait d'un peintre.*

Vêtu d'un costume tel qu'on les portait vers la fin du siècle dernier; il est tourné contre le dos de sa chaise et regarde son sujet. Le porte-crayon qu'il tient à la main indique qu'il se prépare à faire une esquisse.

Toile. H. 22 p., larg. 18 p.

ENFANTIN (M.).

107. — *Vue prise dans la forêt de Fontainebleau.*

Un grand et vieux chêne indique l'entrée de la

724

forêt, des plantations d'arbres de toute espèce la composent. Deux chevreuils s'y promènent tandis qu'un garde-chasse se chauffe tranquillement sur le bord d'un chemin devant un feu qu'il a allumé.

Toile. H. 29 p. 3 l., larg. 23 p. 3 l.

GERARD (Mlle Marguerite).

108. — *La lecture au jardin.*

Deux jeunes et jolies personnes de seize à dix-huit ans sont assises sur un banc de pierre à l'entrée d'un parc et lisent le feuilleton du *Journal de l'Empire.* Un chapeau de paille et un fichu sont placés à leur côté. Devant elle est une table de pierre recouverte d'une nappe blanche. La maman vient de verser du lait dans une jatte dont s'empare aussitôt un petit garçon assis sur les genoux de sa bonne.

Tout est disposé avec goût dans ce charmant tableau, et l'effet de la lumière ne laisse rien à désirer. Les figures sont bien posées et remplies d'amabilité.

Toile. H. l.

109. — *La brodeuse.*

Une dame vêtue d'une douillette grise à manches de mousseline est assise sur un sopha et s'occupe à broder un mouchoir à l'aiguille. Elle porte un collier et des boucles d'oreilles d'ambre. Un chapeau surmonté d'une plume blanche couvre sa tête. Son cachemire est négligemment jeté derrière elle. Un bouquet de fleurs, un fichu et une pelote sont posés sur une table devant une lyre.

Toile. H. 22 p. 6 l., larg. 22 p. 6 l.

GREUSE (JEAN-BAPTISTE).

110. — *La petite mendiante.*

Elle est pauvre, ses vêtements l'indiquent et son air suppliant le dit bien davantage. Combien en la voyant n'est-on pas touché de sa position! son expression est si persuasive, sa physionomie si attendrissante! on est forcé de prendre intérêt à cette jolie figure dont tous les traits respirent l'innocence de son âge. Elle porte un petit béguin chiffonné, un fichu croisé sur son cou et un tablier à bavette.

111. — *Le sans-souci.*

S'il est pauvre celui-là, sa mine ne l'indique guère et sa position ne le touche pas beaucoup, car il nous semble difficile de dire quel est l'objet qui occupe son esprit. Ses jolis cheveux blonds tombent en boucles sur ses épaules; tous ses vêtements déboutonnés et en désordre dénotent bien son heureux caractère, encore mieux rendu sur sa bonne petite figure.

A laquelle de ces deux jolies figures donner la préférence? on serait aussi embarrassé de choisir qu'il est difficile d'en faire ressortir le mérite; où trouver des expressions pour décrire la manière de

726

procéder de cet habile peintre : toute tentative serait vaine; l'art disparaît devant ces tableaux, on n'en aperçoit pas les efforts; tout fait place à la nature; elle est rendue telle que la voyait Greuse sous les traits naïfs, pleins de grâce et de fraîcheur de ces charmants enfants.

Toile. H. 15 p., larg. 12 p.

112. — *Portrait de Louis Janson, ami de Greuze.*

Ce fameux violoncelle et professeur au Conservatoire de musique est représenté en buste, la tête découverte, les cheveux poudrés et frisés à la mode de son temps. Il porte une cravate, un gilet blanc et un habit boutonné d'un seul bouton.

Il y a dans ce tableau un laisser-aller et un abandon de pinceau qui indiquent une belle marche à suivre à tous les peintres de portraits.

Bois. H. 19 p. 6 l., larg. 16 p. 3 l.

113. — *Le petit grognon.*

Il pleure, ce jeune enfant à peine âgé de trois ans! Quel peut être le sujet de ses larmes? Sa maman l'a-t-elle grondé, ou bien est-ce un joujou qu'il demande? c'est ce que chacun pourra décider. Quant à nous, nous nous bornerons à annoncer une savante et belle étude de ce grand maître, dans laquelle on peut étudier sa manière de peindre et découvrir tout le jeu de son pinceau; elle fixera, nous n'en doutons pas, l'attention des artistes et des connaisseurs.

Toile. H. 15 p., larg. 12 p.

114. — *La dédaigneuse.*

C'est une jeune fille de dix-huit à vingt ans, affectée sans doute de quelque pensée désagréable bien exprimée par sa pose et son sourire dédaigneux. Elle est coiffée d'un petit bonnet, jeté en arrière et orné d'un ruban bleu, qni couvre des cheveux négligemment arrangés ; un petit fichu rose couvre sa poitrine.

Cet ouvrage est de la première manière du maître.

(Toile. H. 16 p. 6 l., larg. 13 p. 6 l.

HUE (J.-F.).

115. — *Un clair de lune.*

Par une belle nuit d'été, trois femmes se baignent dans une petite rivière qui arrose un pays clairement boisé, à l'entrée d'une forêt qui occupe à gauche une grande partie de ce paysage. On y remarque une habitation éclairée dans l'intérieur par des lumières. A droite, au pied de grands arbres, un chien garde les vêtements des trois baigneuses.

Toile. H. 24 p. 9 l., larg. 36 p.

JOUVENET (Jean).

116. — *Portrait de Bouchardon.*

De grandes boucles d'une chevelure rousse se développent sur les épaules de ce célèbre sculpteur. Ses vêtements et sa chemise en désordre laissent voir son cou et sa poitrine nus. Il est vêtu d'un pourpoint vert et d'un manteau lilas.

Toile. H. 28 p. 7 l., larg. 22 p. 5 l.

LACROIX (De).

117. — *Les laveuses.*

Au bas de rochers sur lesquels s'élèvent des fabriques, six blanchisseuses sont occupées à laver du linge dans une rivière qui baigne une grande partie du paysage. Un pêcheur porte une nasse qu'il va placer dans l'eau. Un grand saule se trouve à droite au bas d'un terrain élevé. Sur un plan plus reculé, on voit un pont de pierre qui masque les objets placés à l'horizon.

Toile. H. 13 p. 8 l., larg. 19 p. 8 l.

118. — *Les pêcheurs.*

A gauche, sur une jetée, plusieurs pêcheurs amarrent leurs bateaux. Au delà d'une grande étendue de mer, un fort couronne de hautes falaises et masque en partie un port qu'on aperçoit dans l'éloignement. Le ciel commence à se charger de nuages et la pluie tombe à l'horizon. Plusieurs bâtiments voguent sur des eaux tranquilles.

Toile. H. 13 p. 8 l., larg. 19 p. 8 l.

LEBRUN (Charles).

119. — *Jésus portant sa croix.*

Après sa condamnation, le Rédempteur quitte la

ville sainte pour se rendre au Calvaire, chargé de l'instrument de son suplice sous le poid duquel il succombe. La Vierge, saint Jean, sainte Madeleine et sainte Véronique portant le suaire, sont témoins de ce déchirant spectacle; deux centeniers à cheval, des soldats, des bourreaux font partie de ce triste cortége.

Toile. H. 33 p., larg. 34 p.

120. — *La multiplication des pains.*

Le Christ entouré de plusieurs de ses apôtres multiplie des pains, pour nourrir une foule innombrable de personnes qui l'ont suivi dans le désert.

Toile. H. 34 p., larg. 54 p.

LEDOUX (Mlle Philiberte).

121. — *Le polichinel.*

Un beau et gros garçon vu à mi-corps, dont la belle chevelure tombe en boucles sur ses épaules, tient, de l'air le plus satisfait, un polichinel qu'il assied sur une table placée devant lui.

Pour faire l'éloge de ce tableau, il suffit de rappeler que mademoiselle Ledoux a toujours passé pour le meilleur imitateur de Greuse.

Toile. H. 16 p. 6 l., larg. 13 p. 9 l.

LEMAIRE et STELLA.

122. — *Le tombeau d'Achille.*

Sur le devant d'un temple dont le péristyle est

orné de douze colonnes de l'ordre corinthien, un général sur le point d'aller combattre ses ennemis, invoque les mânes d'Achille, dont le tombeau, orné de guirlandes de fleurs, est situé à sa gauche. Plusieurs grands-prêtres portent des aigles et des enseignes. Quantité d'autres figures ornent cette composition.

Toile. H. 33 p. 6 l., larg. 45 p. 9 l.

LEROY (De Liancourt).

123. — *La liseuse.*

Une jeune et charmante enfant à beaux cheveux blonds bouclés par le bas, vue à mi-corps, le coude appuyé sur une table, semble réfléchir sur le sens moral d'une fable qu'elle vient de lire, et qui a pour titre, *l'Enfant et le Maître d'école.*

Ce tableau fait pendant à celui de Mlle Ledoux.

Toile. H. 16 p. 6 l., larg. 13 p. 9 l.

124. — *Le joueur de flageolet.*

C'est un vieillard à tête chauve, assis sur une chaise de paille, prenant plaisir à égayer un petit garçon que sa mère tient debout devant elle.

Toile. H. 9 p. 9 l., larg. 8 p.

MIGNARD (Nicolas).

125. — *Thalie.*

La muse de la comédie est assise nonchalamment

sur un tabouret près d'une table sur laquelle elle appuie le bras dont elle soutient sa tête couronnée de lauriers. Trois petits enfants jouent de divers instruments devant un théâtre figuré dans le fond, et sur lequel on représente une pièce de Molière.

Toile. H. 35 p., larg. 55 p.

NATOIRE (Charles).

126. — *Une vestale.*

Vêtue d'une tunique blanche attachée sur la poitrine avec une agrafe d'or, cette prêtresse tient un tamis entre les deux mains.

Toile. H. 41 p. 8 l., larg. 33 p. 6 l.

PATER (Jean-Baptiste).

127. — *La fête du village.*

A l'entrée d'un village, sur un terrain uni, ombragé de grands arbres, le seigneur de l'endroit a convié ses amis pour venir prendre part aux plaisirs champêtres de ses vassaux. Cette nombreuse société est groupée autour de quatre personnages qui dansent un quadrille au son du violon dont jouent deux ménétriers assis vis-à-vis l'un de l'autre sur des bancs. Des campagnards des deux sexes regardent avec stupéfaction les pas que font les danseurs ; à droite, plusieurs cavaliers semblent courtiser de jeunes et jolies dames; à gauche est un cavalier couché par terre aux pieds d'une dame qui a le coude appuyé sur la cuisse de son voisin. Toute étiquette est bannie. Une autre dame, près de laquelle est un petit enfant, ne s'oppose que faiblement aux embrassements d'un cavalier placé derrière elle. Plus loin, auprès d'une petite maison surmontée d'une tourelle et située devant le mur d'un parc, on voit deux tentes cachées en partie par quantité de personnes diversement occupées. Près de là, sur la gauche, se présente, monté sur des trétaux, un empirique qui vante son baume à un nombreux auditoire; plus loin encore, presque dans le fond du tableau, une autre société se trouve réunie. Une dame et un cavalier dansent un menuet avec une élégante simplicité. D'autres personnes assises ou appuyées sur le mur du parc regardent ce spectacle.

Rien n'est plus séduisant que cette agréable composition, rien de plus gracieux que toutes ces jolies figures, elles sont groupées et ajustées avec beaucoup d'art et se détachent admirablement bien les unes des autres. La finesse du coloris et l'esprit qui se montre dans toutes les parties de l'exécution recommandent cet ouvrage comme un morceau capital, comparable aux plus belles productions de Wateau.

Toile. H. 24 p., larg. 30 p.

PINGRET (Ed. 1824).

128. — *Diane de Poitiers.*

Cette princesse, assise devant un meuble antique, tient entre les mains un parchemin muni de sceaux que vient de lui apporter un jeune page se tenant debout, sa toque à la main, et paraissant attendre ses ordres. Sur le meuble sont posés une corbeille, un collier, un sablier et un livre. Son fidèle levrier est couché à ses pieds sur un coussin rouge, et semble s'éloigner du feu trop ardent de la cheminée, au-dessus de laquelle on remarque le portrait de François Ier.

Sujet fort agréable et composé avec beaucoup de goût.

Toile. H. 29 p. 3 l; larg. 23 p. 4 l.

POUSSIN (École du).

129. — *Bacchanale.*

Une jeune fille pare d'une guirlande de fleurs la statue du dieu Pan, devant laquelle dansent un homme et une femme; près de là, sur la droite du tableau, un faune, ayant à côté de lui deux petits compagnons de Bacchus, verse du vin dans un large vase; deux autres enfants s'amusent sur la gauche avec une chèvre. Fond de paysage.

Toile. H. 42 p. 8 l., larg. 69 p.

PRUD'HON (Pierre-Paul).

130. — *Minerve conduisant le Génie de la peinture au séjour de l'immortalité.*

Il s'élance dans le grand espace, conduit par la Sagesse; son but et ses désirs le portent vers l'immortalité; il en aperçoit la couronne, vers laquelle il étend la main droite et tourne ses regards; dans la main gauche, des ; tient l une palettepinceaux et un marteau. Les neuf Muses, placées sur son passage, célèbrent son triomphe; un groupe de beaux génies l'accompagne, celui de l'envie tombe terrassé dans le séjour infernal.

Ce beau tableau fut acheté par M. Henry, dans la vente du cabinet de M. Lafitte. Depuis, il refusa plusieurs fois de s'en défaire, craignant, disait-il, de ne pouvoir plus s'en procurer. Cette admiration pour les ouvrages de Prud'hon, par un homme si capable de les apprécier, serait un éloge bien fait pour recommander celui-ci, si tout le monde ne savait que ce peintre est une des grandes illustrations de l'École française. Le génie qu'll montre dans ses compositions, la grâce et le charme qu'il a su répandre sur ses figures, la suavité de son pinceau et le prestige de son coloris, ne lui ont-ils pas mérité à juste titre d'être appelé le Corrége de notre époque?

Toile. H. 17 p. 6 l., larg. 11 p.

RENAULT.

131. — *Diane et Endymion.*

La déesse apparaît sur des nuages, entourée du disque argenté de la lune; elle vient visiter le berger Endymion, qu'elle trouve endormi au pied d'un rocher, ayant la tête appuyée dans sa main droite. Deux Cupidons veillent sur son sommeil : l'un tient un arc, l'autre porte le doigt devant sa bouche en signe de silence.

Tableau fort agréable quo l'auteur a peint pendant son séjour à Rome.

Toile. H. 30 p., larg. 33 p. 6 lig.

ROBERT (Lefebvre).

132. — *Portrait d'une dame tenant son enfant.*

Elle est assise sur un divan et paraît attristée par la lecture d'une lettre qu'elle tient dans la main droite ; de l'autre, elle soutient sa jolie petite fille nonchalamment couchée sur ses genoux. Le vêtement de la mère consiste en une robe de velours noir et une ample colerette ; celui de l'enfant, en une robe et pantalon blancs, garnis de broderie.

Ce tableau est sans doute la première pensée d'un autre exécuté en grandeur naturelle.

Toile. H. 12 p., larg. 9 p.

ROEHN (Adolphe-Eugène-Gabriel).

133. — *La leçon de chant.*

Une jeune personne à chevelure blonde, tenant un cahier de musique à la main, chante debout accompagnée d'une guitare dont pince un jeune homme assis sur une table couverte d'un tapis bleu. Ils sont écoutés par deux cavaliers vêtus à l'espagnole, ainsi que par une dame âgée appuyée sur le dos d'une chaise, et un jeune garçon portant des rafraîchissements. S'inquiétant peu de ce qui se passe autour d'elle, une petite fille joue avec un petit chien qu'elle fait tenir droit sur ses deux pattes. Une femme de chambre portant un vêtement à la main sort de l'appartement pour passer dans une chambre à coucher.

Toile. H. 15 p., larg. 17 p.

STELLA (Jacques).

134. — *La Sainte-Famille avec des anges.*

Dans l'intérieur d'une salle basse dont la porte ouverte laisse remarquer un jardin entouré d'un treillage garni de roses, la Vierge et saint Joseph sont assis devant une table et regardent en souriant un ange qui apprend à un petit chien à se tenir debout sur ses pattes de derrière. L'Enfant-Jésus, assis sur les genoux de sa mère, s'amuse beaucoup de ce jeu, tandis que le jeune précurseur paraît moins satisfait de ceux des anges qui jouent avec son agneau. Deux autres préparent le berceau de l'Enfant-Jésus, et deux de leurs compagnons, venant du jardin, apportent une corbeille de roses. On remarque sur la table l'ouvrage de la Vierge placé dans une corbeille; saint Joseph tient un livre et Marie prend une pomme dans un panier qui est sur une chaise.

Stella, dans cet ouvrage, est comparable à tout ce que l'Albane a produit de plus gracieux, d'une carnation admirable, d'une fraîcheur de ton qui étonne; le jeu des ombres, les demi-teintes, la rondeur des formes, les raccourcis sont de la plus grande vérité et le dessin des plus corrects.

Marbre. H. 14 p. 4 l., larg. 22 p.

SWEBACH (M. Édouard).

135. — *Une course aux chevaux.*

La scène se passe à gauche dans l'éloignement; trois coursiers de couleur diverse sont lancés au grand galop, leurs pieds touchent à peine la terre; ils fendent l'air en rivalisant d'ardeur. Un soldat de la ligne est en faction près de la barrière qui borde la lice que parcourent les chevaux. Au-delà de la ligne opposée, une multitude de curieux sont placés sur des terrains élevés. Le premier plan est occupé par un tertre garni de broussailles; deux cavaliers et une amazone, auxquels un petit garçon demande l'aumône, s'y trouvent placés. A droite au second plan, on voit derrière une palissade quantité de personnes qui regardent la course.

Ce tableau est brillant de couleur et offre un sujet fort satisfaisant à la vue.

Toile. H. 9 p., larg. 12.

THIENON.

136. — *Paysage arcadique.*

Des arbres de diverses espèces dont les feuillages se réunissent, forment un berceau qui ombrage un chemin près duquel est une fontaine dont les eaux viennent serpenter à travers la prairie. Près de là un berger pare de fleurs sa bergère. A droite, on voit une rivière qui retombe en cascade dans un ravin boisé, au-dessus duquel sont des habitations champêtres. La vue se perd enfin dans un riant paysage que clot une chaîne de montagnes azurées.

Toile. H. 26 p. 8 l., larg. 34.

VALENCIENNES (Pierre-Henry).

137. — *Un Paysage.*

De grands arbres s'élèvent à droite devant des rochers d'où s'échappe une chute d'eau qui tombe entre deux murailles ornées de piédestaux surmontés de chimères, et forme ensuite une mare qui arrose le devant de cette partie. Deux femmes en costume antique y viennent puiser de l'eau qu'elles portent sur la tête dans des vases de forme ancienne. A gauche, on voit une fabrique dont les murs sont baignés par des eaux tombant d'une cascade et venant se perdre derrière le terrain du premier plan. Le milieu de la composition est occupé par un chemin situé vers une rangée d'arbres à travers lesquels on aperçoit une campagne boisée.

Ce paysage est bien composé et d'un aspect très-flatteur.

Toile. H. 16 p. 6 lig., larg. 21 p. 6 l.

VALLIN.

138. — *Vénus et Adonis.*

Dans un site des plus riants et des plus romantiques, Vénus a donné rendez-vous à son amant. La déesse vient de descendre de son char traîné par deux colombes, et rencontrant Adonis elle le presse dans ses bras et lui prodigue les plus vives caresses, les plus tendres baisers; non loin de là, Cupidon, à genoux sur un rocher, regarde avec malice cette scène délirante, tout en aiguisant une nouvelle flèche. Trois jeunes enfants s'amusent à attacher des guirlandes de roses à des arbres. Une pirogue poussée par le vent vogue sur une rivière qui traverse une vallée située dans le fond de cet agréable paysage. Des montagnes très-éloignées terminent le point de vue.

Ce paysage mérite quelque attention. Vallin doit être placé parmi les bons peintres de notre époque et peut-être jusqu'à présent ne lui a-t-on pas assez rendu justice.

Toile: H. 19. p., larg. 26. p.

VERNET (M. JOSEPH, DIT LAUZET).

139. — *L'étang.*

Il est traversé par une femme qui, montée sur un âne, le passe à gué. La fraîcheur de ses eaux se communique à tout ce qui l'entoure; à gauche ce sont des chaumières entourées de bouleaux et de saules. A l'entrée d'un bois, qui s'étend du côté opposé jusque dans le fond du paysage, se trouve un moulin alimenté par les eaux de l'étang.

Bois. H. 11 p. 6 l., larg. 14 p. 6 l.

WATELET (LOUIS-ÉTIENNE).

140. — *Les aquéducs.*

Paysage offrant la vue d'anciens aquéducs et fabriques de construction romaine, situés sur des terrains montagneux au pied desquels sort un torrent qui se divise en plusieurs cascades et arrose tous les devants. Un ciel chaud, vivement empreint de la couleur dorée du soleil, répand sa lumière sur les lointains.

Ce tableau fait pendant à celui de M. Bertin, catalogué sous le N° 91.

Bois, forme cintrée, H. 6 p. 6 l., larg. 4 p.

PEINTRE ANGLAIS.

141. — *Portrait d'homme.*

Il est représenté en pied, assis devant une table couverte de papiers, le bras droit appuyé sur le dossier de sa chaise et la main gauche posée sur sa cuisse. Sa tête est couverte d'un chapeau à cornes, son regard est fixé devant lui, il est vêtu d'une culotte courte, de bas de soie noire et d'une redingote violette.

Les ouvrages de cette école sont rares chez nous, et certes cela fait honneur à la nation qui apprécie assez les productions de ses artistes pour ne pas s'en dessaisir facilement; et celle-ci est d'une vérité si surprenante que, dans les parties que frise la lumière, on croit voir à travers la peau le sang circuler dans les veines. L'effet en est admirable, original, piquant; en un mot c'est un morceau des plus remarquables.

Bois forme cintrée. H. 6 p. 6 l., larg. 4 p.

MICHALLON (Achille-Etna).

142. — *Une étude de paysage.*

A gauche un rocher à pic, à droite une autre masse de rochers sur laquelle est tracée une route. Des arbres garnissent le paysage dans toute son étendue; plus loin un pays montagneux où l'on voit une fabrique de construction romaine, au-delà de laquelle s'élève une montagne rocailleuse.

Toile. H. 17 p., larg. 20 p. 6 l.

741.

143. — *Etude de paysage.*

Des deux côtés d'un sentier s'élève une touffe d'arbres entrelaçant leurs branches et confondant leurs feuillages de nuances diverses. Le terrain dans lequel ils se trouvent est des plus rocailleux ; à droite un énorme bloc de roche s'élève entouré d'arbustes et de pierres, à gauche même répétition de sol.

Toile. H. 13 p. 8 l., larg. 16 l.

144.

— La Muse de la musique, assise sur une large pierre recouverte de mousse, joue de sa lyre; une couronne de marguerites pare sa tête. Ecole Française.

145.

— Portrait de femme coiffée à la Ninon ; ses cheveux, son cou et ses oreilles sont ornés de perles.

146.

— Vue de Notre-Dame, prise du côté de l'ancien archevêché, et vue de l'île d'Islande pendant la pêche de la morue. École moderne.

147.

— Le jugement de Salomon, par un peintre italien, et la sainte Cène, genre de Mabeuse.

148.

— Deux tableaux d'architecture.

149.

— Les soixante drapeaux des sections de la garde

nationale parisienne tels qu'ils étaient à la formation de ce corps en 1789. Peints à la gouache par Darnaud, signataire des assignats.

150.

— Un dessin par Lantara.

151.

— Deux magnifiques dessins par L. David, sujets tirés du combat des Horaces et des Curiaces.

152.

Grand nombre d'ouvrages sur les arts, livres à figures et quelques lots de catalogues.

153.

— Les tableaux omis à la présente Notice seront vendus sous ce numéro.

Quelques tableaux que nous attendons de province feront le sujet d'un supplément qui se distribuera lors de la vente, si nous les recevons assez à temps.

FIN.

PARIS. — IMPRIMERIE DE DEZAUCHE,
FAUBOURG MONTMARTRE, N° 11.

www.ingramcontent.com/pod-product-compliance
Ingram Content Group UK Ltd.
Pitfield, Milton Keynes, MK11 3LW, UK
UKHW021225230726
13926UKWH00003B/1251

9 782019 143831